초판 1쇄 인쇄 2018년 04월 17일
초판 3쇄 발행 2021년 05월 05일

글 박정화
그림 김은주
발행인 박용범
기획 및 편집책임 김유진
역사 감수 김명선
디자인 최유정
교정 이상희
발행처 리프레시
신고번호 제2015-000024호
등록일자 2015년 11월 19일
주소 경기도 의정부시 서광로 135, 405호
도서 문의 031-876-9574
이메일 refreshbook@naver.com
ⓒ 박정화, 2018

* 이 책에 실린 글과 사진의 무단 전재나 복제를 금합니다.
* 하루방 폰트저작권자 오픈애즈(OPENAS.COM)

이 도서의 국립중앙도서관 출판예정도서목록(CIP)은 서지정보유통지원시스템 홈페이지(http://seoji.nl.go.kr)와 국가자료공동목록시스템(http://www.nl.go.kr/kolisnet)에서 이용하실 수 있습니다. (CIP제어번호 : CIP2018007373)

초등 한국사 | 진로역사스쿨

살아 있는 **역사** 꿈이 되는 **직업**

글 **박정화** | 그림 **김은주**

리프레시

어떤 내용이 들어 있을까요?

이 책을 소개합니다!

이 책은 고조선부터 조선까지 역사적 사건, 유물, 발명품, 건축물, 위인의 성품이나 업적, 전통 음식 등의 다양한 역사적 요소를 미래 유망 직업과 연결하여 구성했습니다.

예를 들어, 조선 시대 궁궐 안에 있는 동물 조각상의 의미를 통해 '이모티콘 디자이너', 날씨와 땅의 모양을 철저히 분석해서 전쟁을 승리로 이끈 이순신 장군의 능력을 통해 '빅데이터 전문가', 고구려 벽화《무용도》에 있는 사람들의 복색을 통해 '스타일리스트', 천 개의 붓을 몽당 자루로 만들며 연습한 추사 김정희를 통해 '캘리그래퍼'라는 각 직업의 특징, 적성과 준비 방법, 연관 직업을 배우고, 그 직업이 하는 일을 구체적으로 체험해 보는 책이에요. 자, 책 속으로 한 걸음 더 들어가 볼까요?

---

01 5개의 분야별 직업이 28개 들어 있어요!

직업군을 크게 5가지로 나누어 구성했어요. 1장 인문/사회, 2장 건축/공학/의학, 3장 문화/예술, 4장 패션/뷰티, 5장 법률/공공 서비스와 관련된 직업 28개와 연관 직업을 상세히 수록했어요.

⭐ **중요** 내가 알고 있던 분야와 직업이 일치하나요? 알고 있었던 것과 다른 점을 알아보아요.

02 재미있는 역사 이야기가 들어 있어요!

고조선부터 조선까지 역사적 사건, 유물, 발명품, 건축물, 위인의 성품이나 업적, 전통 음식 등의 다양한 역사적 요소를 미래 유망 직업과 연결하여 구성했어요.

⭐ **중요** 역사 속에 숨어 있는 이야기와 직업이 어떻게 연결되는지 알아보아요.

03 직업에 대해 자세히 설명해 줘요!

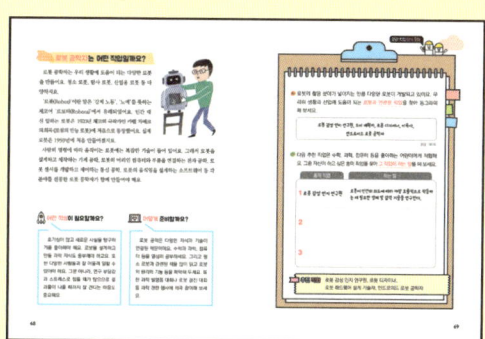

직업의 특징과 적합한 적성, 직업의 준비 방법에 대해 자세히 설명되어 있어요. 또한 해당 직업과 관련된 연관 직업에 대해 알면 꿈을 확장시킬 수 있어요.

⭐ **중요** 세상에는 우리가 아는 것보다 더 많은 일과 직업이 있어요. 함께 생각해 보아요.

04 다양한 직업 체험이 들어 있어요!

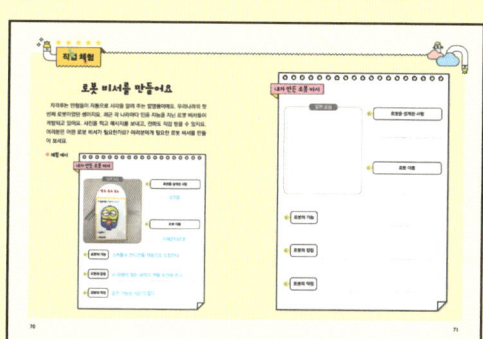

어린이 눈높이에 맞게 해당 직업인의 업무를 직접 체험할 수 있어요. 어떤 일을 하는 직업인지 정확히 알 수 있도록 구성하여 직업과 일에 대한 이해도를 높일 수 있어요.

⭐ **중요** 직업 체험을 하다 보면 알지 못했던 나의 재능과 장점을 발견할 수 있어요. 나의 재능을 찾아보아요.

차례

PART 01 인문·사회

고조선의 히트 상품을 소개합니다! | 직업 체험 | **쇼핑 호스트** 10
국제 외교 전문가, 백제 박사 | 직업 체험 | **외교관** 16
개성상인은 깍쟁이 | 직업 체험 | **머천다이저(MD)** 22
수라상에 오른 영광 굴비 | 직업 체험 | **네이미스트** 28
조선 최고의 이벤트, 화성 행차 | 직업 체험 | **파티 플래너** 34

PART 02 건축·공학·의학

우리 아빠 직업은 움집 건축가 | 직업 체험 | **건축가** 42
고조선의 엘리트, 대장장이 | 직업 체험 | **금속 공학자** 48
말, 소, 돼지, 개를 사랑한 부여 | 직업 체험 | **수의사** 54
새 도읍지 한양을 건설하라! | 직업 체험 | **도시 계획가** 60
15세기 발명왕 장영실 | 직업 체험 | **로봇 공학자** 66
빅데이터 명장 이순신 | 직업 체험 | **빅데이터 전문가** 72
융합 천재 정약용 | 직업 체험 | **유비쿼터스 도시 기술자** 78

PART 03 문화·예술

구석기 최고 요리는 숯불 바비큐! |직업 체험| **푸드 스타일리스트** 86
가야 왕의 웨딩 스토리 |직업 체험| **애니메이터** 92
황금의 나라, 신라 속으로! |직업 체험| **큐레이터** 98
궁궐을 지키는 수호천사 |직업 체험| **이모티콘 디자이너** 104
조선의 글씨 천재들 |직업 체험| **캘리그래퍼** 110
임금님은 요리사 |직업 체험| **음식 메뉴 개발자** 116

PART 04 패션·뷰티

강가에서 펼친 신석기 패션쇼 |직업 체험| **패션 디자이너** 124
무용도 주인공은 고구려 스타일 |직업 체험| **스타일리스트** 130
선덕 여왕의 명품 코 |직업 체험| **조향사** 136
화장하는 꽃미남, 화랑 |직업 체험| **메이크업 아티스트** 142
목화꽃이 피었습니다! |직업 체험| **텍스타일 디자이너** 148
알록달록 색동 오방색 |직업 체험| **컬러리스트** 154

PART 05 법률·공공 서비스

직지, 컴백 홈! |직업 체험| **변리사** 162
조선의 119 멸화군 |직업 체험| **소방관** 168
정조의 보디가드 |직업 체험| **경호원** 174
조선의 과학 수사관 |직업 체험| **프로파일러** 180

PART 01
인문·사회

고조선의 히트 상품을 소개합니다! **쇼핑 호스트**

 국제 외교 전문가, 백제 박사 **외교관**

개성상인은 깍쟁이 **머천다이저(MD)**

 수라상에 오른 영광 굴비 **네이미스트**

조선 최고의 이벤트, 화성 행차 **파티 플래너**

고조선의 히트 상품을 소개합니다!
쇼핑 호스트

고조선은 우리나라에 맨 처음 세워진 나라예요. 어느 날, 고조선에 연나라 장수 위만이 1천여 명의 사람들을 이끌고 찾아왔어요. 고조선을 다스리고 있던 준왕은 위만이 마음에 쏙 들었어요. 그래서 서쪽 땅을 다스리며 살도록 허락했어요. 하지만 위만은 세력을 점점 키우더니 마침내 고조선의 새로운 왕이 되었어요.

위만은 연나라에서 철기 기술을 들여와 새로운 무기를 만들었어요. 그리고 주변 지역을 차례로 정복했어요. 그 뒤, 우거왕(위만의 손자)은 중국 한나라와 한반도의 남쪽 진국 사이에서 물건을 팔아 이익을 남기는 중계 무역으로 고조선의 힘을 키웠어요. 한나라는 이런 우거왕이 못마땅해서 고조선에 쳐들어왔어요. 고조선은 한나라의 공격에 맞서 1년 동안 싸웠지만, 전쟁이 길어지며 결국 멸망하고 말았어요(기원전 108년).

우거왕은 한나라에서 물건*을 들여와 다른 나라에 조금 더 비싸게 팔아 이익을 남겼어요. 이러한 중계 무역은 오늘날 소비자와 생산자 사이에서 상품을 파는 다양한 직업으로 발전했어요. 특히 방송을 통해 상품을 파는 홈쇼핑은 규모가 점점 더 커지고 있어요. 홈쇼핑 방송에서 상품을 소개하고 판매하는 사람, 쇼핑 호스트에 대해 알아볼까요?

* 고조선의 주요 수출품은 소금, 구리, 철, 무기류(화살, 화살촉)예요.

쇼핑 호스트는 어떤 직업일까요?

쇼핑 호스트는 홈쇼핑 방송에서 상품을 파는 사람이에요. 사람들은 홈쇼핑으로 물건을 살 때 상품을 보지 않고 사요. 그래서 쇼핑 호스트는 사람들이 상품을 잘 선택할 수 있도록 상품의 기능과 정보를 쉽게 설명해 주어야 해요.

소비자가 믿을 수 있는 쇼핑 호스트가 되려면 무엇보다 상품에 대해 잘 알고 있어야 해요. 소비자는 상품을 직접 보지 않고 쇼핑 호스트의 설명을 듣고 사기 때문이에요. 조리 있는 말솜씨로 상품에 대해 알려 주면서도 사람들에게 좋은 인상을 줄 수 있다면 더 좋겠지요. 쇼핑 호스트가 상품을 어떻게 소개하느냐에 따라 상품이 많이 팔리고 덜 팔리니까요.

쇼핑 호스트는 고객을 설득하기 위해 방송 대본을 직접 쓰기도 해요. 누구보다 상품에 대해 전문가가 되어야 한다는 뜻이지요. 방송이 끝난 뒤에는 지난 방송을 분석해 부족한 부분을 고치고, 소비자를 설득할 수 있는 폭넓은 상식을 쌓아야 해요.

 어떤 적성이 필요할까요?

쇼핑 호스트는 자신이 쓴 대본으로 방송을 진행하고, 상품 판매량에 따라 돈을 받는 전문직이에요. 하지만 밤늦게까지 방송을 진행하는 등 출퇴근 시간이 불규칙해요. 그러므로 고객이 신뢰할 수 있는 상품을 소개하는 쇼핑 전문가라는 자신감을 가지고, 늘 자기 관리를 철저히 해야 해요.

 어떻게 준비할까요?

쇼핑 호스트는 상품의 특징을 전달해야 하기 때문에 말하기 능력이 매우 중요해요. 그래서 국어와 영어를 잘하면 도움이 돼요. 평소 방송에 관심을 가지고 다양한 분야의 책도 읽으세요. 순발력과 분석력을 키우기 위해 방송 관련 동아리 활동을 해도 좋고요.

- 홈쇼핑 방송에서 쇼핑 호스트와 함께 일하는 직업에는 어떤 것이 있을까요? 쇼핑 호스트와 함께 정해진 시간 동안 상품을 많이 팔기 위해 노력하는 직업을 찾아 동그라미 해 보세요.

> 디스플레이 담당자, 수의사, 쇼핑 게스트, 상품 모델, 외교관

정답 186쪽

- 다음 추천 직업은 국어와 영어를 좋아하는 어린이에게 적합해요. 그중 자신이 하고 싶은 흥미 직업을 찾아 그 직업이 하는 일과 필요 능력을 써 보세요.

흥미 직업	하는 일과 필요 능력
1 아나운서	하는 일: 사람들이 이해하기 쉽게 나라 안팎에서 일어나는 소식을 정확하게 전달한다. 필요 능력: 말하기와 발표를 잘해야 한다.
2	
3	

추천 직업: 아나운서, 게임 해설자, 국어 학원 강사, 기상 캐스터, 머천다이저, 방송 MC, 방송 기자, 방송 리포터, 성우, 스포츠 해설자, 스피치 강사, 한국어 강사

히트! 효도 상품을 소개하라!

소비자는 홈쇼핑 방송을 보고 상품을 구입한 후, 집에서 편안하게 받아 볼 수 있어요. 최근 다양한 상품을 소개하고 판매하는 쇼핑 호스트가 인기 직업으로 자리 잡았지요. 여러분이 쇼핑 호스트라면 어떤 상품을 어떻게 소개하고 싶은가요? 부모님께 선물하고 싶은 효도 상품을 골라 방송 대본을 쓴 후, 쇼핑 호스트처럼 소개해 보세요.

부모님께 선물하고 싶은 효도 상품

⭐ 선물하고 싶은 이유

⭐ 나의 효도 상품, 이런 점이 좋아요!

1.
2.
3.

⭐ 효도 상품을 소개하는 홈쇼핑 방송 장면을 그려 보세요.

⭐ 효도 상품을 팔기 위한 홈쇼핑 방송 대본을 써 보세요.

국제 외교 전문가, 백제 박사
외교관

　고구려, 백제, 신라 삼국 중 가장 먼저 전성기를 맞은 나라는 백제예요. 백제가 자리 잡은 한강 부근은 넓고 기름진 평야가 많아 농사짓기에 매우 좋았어요. 교통도 편리했고요. 서쪽 황해의 바닷길로는 동진(중국)과 서로 활발하게 오고 갔어요. 백제 역사상 가장 넓은 땅을 차지한 근초고왕은 동진은 물론 왜(일본)와도 사이좋게 지냈어요. 동진의 앞선 문물을 받아들이고, 왜에는 백제의 문물을 전하기도 했어요.

　왜에 건너가 문물을 전해 준 주인공은 '박사'예요. 백제에서는 각 분야의 최고 전문가를 '박사'라고 불렀어요. 여러 박사들 중에서 으뜸은 학문이 뛰어난 오경박사*였어요. 백제는 아직기와 오경박사 왕인을 왜에 보내, 학문과 기술을 전해 주었어요. 특히 왕인은 왜의 태자와 신하들에게 《천자문》과 《논어》를 가르치고, 왜의 문화 발전에 큰 영향을 끼쳤어요. 백제의 박사들은 국제 외교 전문가였던 셈이에요.

나라와 나라 간의 외교는 국가의 이익과 발전을 위해 꼭 필요해요. 외교 전문가이자 백제의 관리였던 백제 박사처럼, 오늘날 각 나라의 대표로 외국에서 일하는 직업이 있어요. 바로 외교관이에요. 외교관은 자신의 나라를 알리고, 다른 나라와 사이좋게 지내기 위해 노력하지요. 나라를 위해 일하는 협상 전문가, 외교관에 대해 알아보아요.

* **오경박사** : 《시경》, 《서경》, 《주역》, 《예기》, 《춘추》에 능통한 학자를 말해요. 이 외에도 백제에는 기와를 만드는 와박사, 금속으로 탑을 장식하는 노반박사, 병을 치료하는 의박사, 달력을 연구하는 역박사 등이 있어요.

외교관은 어떤 직업일까요?

외교란 무엇일까요? 국가의 발전과 이익을 위해 다른 나라와 좋은 관계를 지키는 활동이에요. 나라마다 환경과 문화가 다르고 생각이 다양하기 때문에 상대국이 원하는 것을 파악하여 나라에 이익이 되도록 협상을 해야 하지요. 외국에 나가 있는 국민들을 지키는 일도 중요해요. 이런 일을 대표로 하는 공무원이 외교관이에요. 다른 나라와 협상하는 일을 하기 때문에 외국어 능력과 의사소통 능력이 매우 중요하지요. 또한 주어진 상황을 논리적으로 분석하고 판단하는 능력도 필요하고요.

외교관의 선택과 행동에 따라 다른 나라와 관계가 좋아질 수도, 나빠질 수도 있어요. 그러므로 언제나 국가 대표라는 사실을 기억하고, 세계 여러 나라와 좋은 관계를 유지하도록 최선을 다해야 하지요.

 ### 어떤 적성이 필요할까요?

세계 여러 나라를 다니며 다양한 사람을 만나야 하기 때문에 사람을 좋아하고 봉사를 잘하는 사람에게 적합한 직업이에요. 국제 교류를 위한 정보를 꾸준히 공부하는 자세가 필요하지요. 나라를 사랑하는 애국심은 기본이고요. 어려운 협상을 잘 이끌어 내는 인내심도 필수예요.

 ### 어떻게 준비할까요?

외교관은 외교관 후보자 시험을 통해 선발해요. 외국어 능력, 공직 적격성 등을 평가하지요. 합격하면 국립외교원에서 1년 동안 교육을 받고, 최종 평가에 따라 외교관이 될 수 있어요. 평소 우리나라와 다른 나라의 문화를 이해하기 위해 한국사와 세계사를 공부해 두면 도움이 될 거예요.

● 국제 무대에서 우리나라 대표로 활약하는 외교관은 '국가 공무원'이에요. 외교관처럼 **국가 공무원인 직업**을 찾아 동그라미 해 보세요.

> 국무총리, 건축가, 패션 디자이너, 국회 의원, 법관

정답 186쪽

● 다음 추천 직업은 국어와 영어, 사회를 좋아하는 어린이에게 적합해요. 그중 자신이 하고 싶은 흥미 직업을 찾아 **그 직업이 하는 일과 필요한 능력**을 써 보세요.

흥미 직업	하는 일과 필요 능력
1 경찰관	**하는 일:** 국민의 생명과 재산을 안전하게 지키는 직업이다. **필요 능력:** 국가와 국민을 위해 일한다는 사명감이 필요하다. 체력이 좋고 봉사를 잘해야 한다.
2	
3	

추천 직업 경찰관, 검사, 경호원, 국무총리, 국회 의원, 군무원, 법관, 소방관, 형사

우리 문화를 소개합니다!

외교관 중에서 가장 책임이 무거운 직책은 '대사'예요. 여러분이 만약 다른 나라의 국가 행사에 초대된 대사라면, 우리나라 문화 중 어떤 것을 소개하고 싶은가요? 외교관이 되어 가고 싶은 나라를 정하고, 소개하고 싶은 우리 문화와 그 이유를 쓰고 그 문화를 상징하는 캐릭터를 그려 보세요.

● 체험 예시

우리나라 문화 소개하기

⭐ 어떤 것을 소개하고 싶은가요?

⭐ 가고 싶은 나라

⭐ 소개하고 싶은 이유

⭐ 우리 문화를 상징하는 캐릭터

개성상인은 깍쟁이
머천다이저 (MD)

　대한민국을 영어로 '코리아(KOREA)'라고 해요. 코리아는 '고려'라는 이름이 세계에 알려지며 생긴 이름이에요. 고려는 918년경 한반도에 세워진 나라예요. 고려에는 국제 무역항인 벽란도가 있었어요. 그곳에서 여러 나라 사람들이 무역을 했어요. 중국의 송, 거란, 여진, 일본, 저 멀리 아라비아 상인들까지 왔지요.

　고려 상인들은 인삼, 금, 은, 종이, 화문석, 나전칠기 등을 팔았어요. 그중에서 인삼이 최고 인기였어요. 물건을 사고팔기 위해 사람이 많이 모이자, 개경(고려의 수도, 개성이라고도 함)에는 외국 상인이 머무는 숙박 시설과 가게가 많아졌어요. 개경에 가게를 열고 그곳에서 장사를 했던 고려 상인의 전통은 조선 후기까지 이어졌지요. 그래서 이 지역의 상인들을 특별히 '개성상인'이라고 해요.

사람들은 개성상인을 '깍쟁이'라고 불렀어요. 자기밖에 모르는 깍쟁이라는 뜻은 아니에요. 개경에서 가게 주인을 '가게쟁이'라고 부르던 것이 '깍쟁이'로 변했어요. 깍쟁이란 말이 생길 만큼 장사를 잘했던 개성상인처럼, 오늘날 소비자가 좋아할 만한 제품을 찾아서 기획하여 판매하는 직업이 있어요. 상품 기획 전문가로 알려진 머천다이저(MD)*예요. 상품 개발부터 판매까지 모든 것을 책임지는 머천다이저에 대해 알아볼까요?

* **머천다이저(merchandiser)** : 상품을 뜻하는 'merchandise'와 사람을 뜻하는 'er'이 합쳐진 말이에요. 'MD'는 머천다이저(merchandiser)의 줄임말이에요.

머천다이저(MD)는 어떤 직업일까요?

머천다이저는 소비자가 좋아할 만한 상품을 기획, 개발하거나 찾아내서 적절한 가격으로 판매되기까지 모든 과정을 책임지는 직업이에요. 자신의 능력을 인정받은 만큼 보상과 대우가 따르기 때문에 성취감이 높아요.

'유통 업계의 꽃'으로 불리는 인기 직업 머천다이저의 활동 분야는 홈쇼핑, 패션 등 다양해요.

> **홈쇼핑 MD** 방송으로 판매할 상품을 판매 업체와 의논해서 골라요. 방송 상품을 기획하여 개발, 생산, 판매하고 재고 처리까지 모든 과정을 책임지고 진행해요.
> **패션 MD** 패션 브랜드에 맞는 상품을 기획하고 판매되기까지 전 과정을 책임지고 진행하지요. 어떤 제품이 잘 팔리는지 조사하는 일도 해요.
> **비주얼 MD(VMD)** 백화점이나 명품 브랜드의 매장 인테리어와 상품 진열 등을 담당해요. V는 비주얼(visual)의 약자로, 일반 머천다이저와는 하는 일이 조금 달라요.

그 밖에도 캐릭터를 기획하고 개발하는 캐릭터 MD, 인터넷 쇼핑몰과 대형 할인 매장 등 유통 업체에서 판매할 상품을 총괄하는 리테일 MD 등이 있어요.

어떤 적성이 필요할까요?

머천다이저는 활동적인 일을 하기 때문에 성격이 활발하고 적극적이며 의사소통 능력이 뛰어난 사람에게 어울려요. 경제와 경영을 잘 알아야 하고, 시장의 흐름과 유행에도 관심이 많아야 하지요. 전 과정을 책임지는 만큼 책임감도 있어야 해요. 분야에 따라 공간, 색채 감각이 있으면 더욱 좋아요.

어떻게 준비할까요?

머천다이저가 되는데 도움이 되는 과목은 수학과 사회예요. 물건을 사고파는 과정에서 이익의 크기를 가늠할 수 있어야 하기 때문이에요. 대학에서는 경영학과, 마케팅학과, 유통학과를 전공하면 필요한 지식을 더 많이 배울 수 있어요.

● 최근 주목받고 있는 머천다이저의 활동 분야는 주로 어디일까요? 소비자에게 좋은 신상품을 소개하고 판매하기 위해 **다양한 분야에서 활동하는 머천다이저**를 찾아 동그라미 해 보세요.

> 플로리스트, 홈쇼핑 MD, 행사 기획자, 생활용품 MD, 캐릭터 MD

정답 186쪽

● 다음 추천 직업은 수학과 사회를 좋아하는 어린이에게 적합해요. 그 중 자신이 하고 싶은 흥미 직업을 찾아 **그 직업이 하는 일과 필요 능력**을 써 보세요.

흥미 직업	하는 일과 필요 능력
1 도서 MD	**하는 일**: 도서를 구입하고 진열하여 판매하는 모든 과정을 담당한다. **필요 능력**: 도서에 관련된 다양한 분야의 정보를 파악하고 분석하는 능력이 필요하다.
2	
3	

추천 직업 도서 MD, 비주얼 MD, 생활용품 MD, 식품 MD, 전자 제품 MD, 주얼리 MD, 캐릭터 MD

팔고 싶은 상품을 소개해요!

깍쟁이로 알려진 개성상인은 고려 상품 중 무엇을 팔지 기획하여 판매한 머천다이저였어요. 덕분에 고려 인삼은 코리아의 이름을 세계에 알리는 자랑스러운 상품이 되었지요. 자, 내가 만약 머천다이저라면 어떤 상품을 판매하고 싶을까요? 소비자에게 꼭 필요한 최고의 상품을 찾아 소개해 보세요.

● 체험 예시

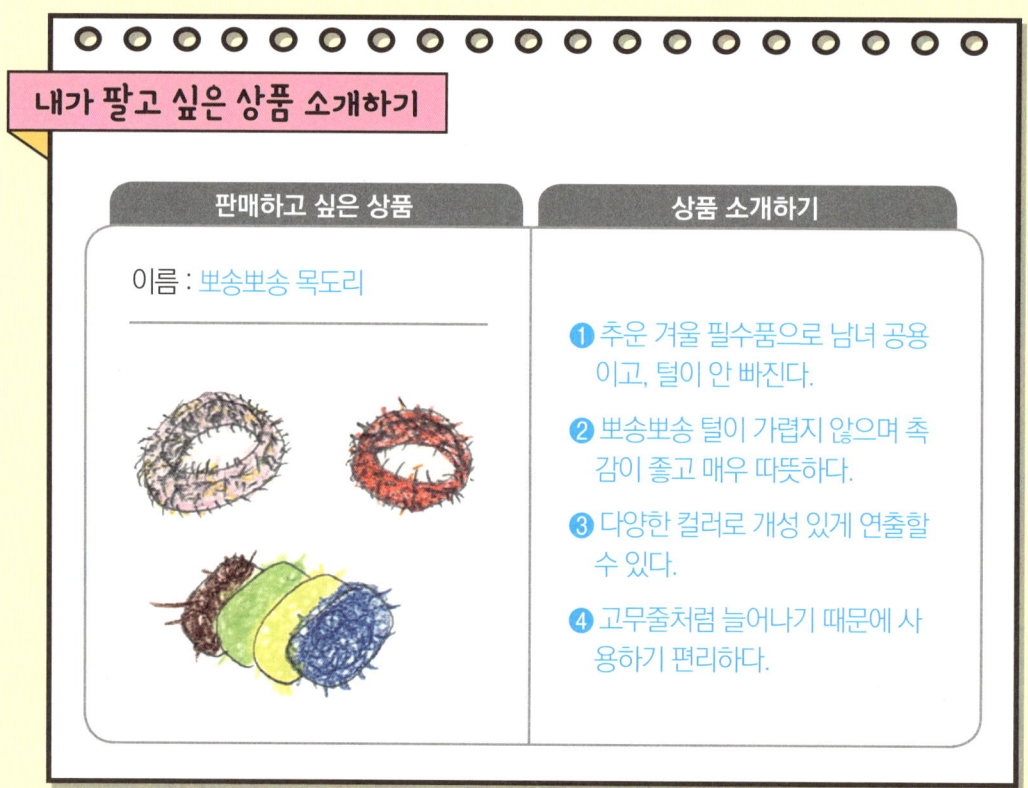

내가 팔고 싶은 상품 소개하기

판매하고 싶은 상품	상품 소개하기
이름 : _____ 사진이나 그림	

판매하고 싶은 상품	상품 소개하기
이름 : _____ 사진이나 그림	

수라상에 오른 영광 굴비
네이미스트

어린 인종이 고려의 17번째 왕이 되었어요. 하지만 당시 나라의 권력을 독차지한 사람은 왕이 아니라, 이자겸이라는 신하였어요. 이자겸은 자신의 두 딸을 왕비 자리에 앉히고, 인종의 장인이 되어 힘을 더욱 키웠어요. 권력을 이용해 온갖 횡포를 다 부렸지요. 도저히 참을 수 없었던 인종은 이자겸을 몰아내려 마음먹었어요. 하지만 실패로 돌아가고, 이자겸은 척준경과 함께 반란을 일으켰어요. 이것이 '이자겸의 난'이에요(1126년).

얼마 뒤, 이자겸은 척준경과 사이가 나빠졌어요. 인종은 척준경을 이용해 반란을 막고, 이자겸을 멀리 전라도 영광으로 귀양* 보냈어요. 이자겸이 귀양을 간 영광 앞바다에는 조기가 많이 잡혔어요. 꼬들꼬들 잘 말린 조기는 맛이 뛰어났어요. 이자겸은 조기를 포장해 '굴비(屈:굽을 굴, 非:아닐 비)'라고 써서 인종에게 보냈어요. '비굴하게 굽히지 않겠다.'라는 뜻인데, 인종은 그것을 생선 이름이라고 생각했어요.

　그때부터 영광 굴비는 임금님 수라상에 빠지지 않는 대표 음식이 되었어요. 말린 조기는 굴비라는 이름으로 탄생하여 오늘날까지도 유명하지요. 최근 브랜드가 점점 중요해지며, 새롭게 떠오른 이색 직업이 있어요. 바로 기업이나 상표의 이름을 짓고, 새로운 브랜드를 탄생시키는 네이미스트예요. 이름으로 브랜드 가치를 높이는 유망 직업, 네이미스트에 대해 알아볼까요?

* **귀양** : 죄인을 먼 곳으로 보내 일정 기간 동안 살게 하던 벌이에요.

네이미스트는 어떤 직업일까요?

만약 과자에 이름이 없다고 생각해 보세요. 많은 과자 중 어느 것을 골라야 할지, 어떤 맛인지 알 수 없어서 굉장히 불편할 거예요. 과자의 이름 덕분에 과자의 특성과 장점, 맛을 짐작할 수 있다면 훨씬 고르기 쉽지요.

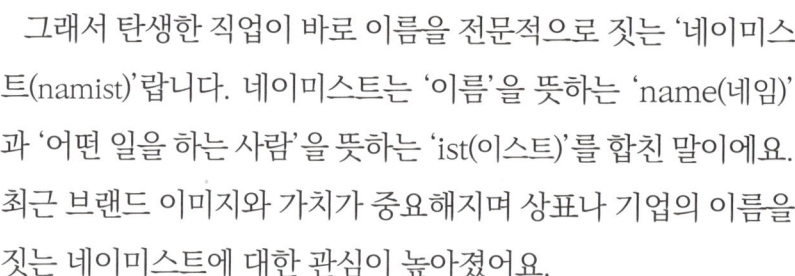

그래서 탄생한 직업이 바로 이름을 전문적으로 짓는 '네이미스트(namist)'랍니다. 네이미스트는 '이름'을 뜻하는 'name(네임)'과 '어떤 일을 하는 사람'을 뜻하는 'ist(이스트)'를 합친 말이에요. 최근 브랜드 이미지와 가치가 중요해지며 상표나 기업의 이름을 짓는 네이미스트에 대한 관심이 높아졌어요.

네이미스트는 시장의 흐름을 파악하는 안목과 언어 감각이 있어야 하고 문화, 사회, 정치 등 여러 분야에 대한 지식이 풍부해야 해요. 외국어 이름이 늘고 있는 만큼 외국어 실력도 키워야 하지요. 상표나 기업의 이름은 세상에 단 하나만 있어야 하기 때문에 그와 관련된 법률 지식도 알아야 해요.

어떤 적성이 필요할까요?

네이미스트는 이름을 짓는 사람이에요. 문자를 관찰하여 아이디어를 만들고, 문자에 담긴 느낌을 표현하는 직업이지요. 그래서 탁월한 언어 감각과 관찰력, 창의력이 중요해요. 소비자가 공감하고 사랑하는 좋은 이름을 만들 수 있는 바른 인성도 갖추어야 하지요.

어떻게 준비할까요?

네이미스트가 되고 싶다면 네이밍 전문 회사나 광고 회사에 취업하면 돼요. 이를 위해 브랜드 네이밍 공모전에 참가하여 경험을 쌓도록 하세요. 상품에 대한 안목과 좋은 이름을 지을 수 있는 언어 감각이 생길 테니까요. 책을 읽으며 여러 분야에 대한 지식도 길러요.

● 네이미스트는 언어 감각과 창의력이 뛰어난 어린이에게 적합한 직업이에요. 네이미스트와 연관된 직업을 찾아 동그라미 해 보세요.

> 파티 플래너, 키워드 에디터, 카피라이터, 금속 공학자, 브랜드 관리사

정답 186쪽

● 다음 추천 직업은 국어를 좋아하는 어린이에게 적합해요. 그중 자신이 하고 싶은 흥미 직업을 찾아 그 직업이 하는 일과 필요 능력을 써 보세요.

흥미 직업	하는 일과 필요 능력
1 카피라이터	하는 일: 기발한 아이디어로 광고 이미지에 맞는 문구를 만든다. 필요 능력: 자신의 아이디어를 표현하는 능력과 사물을 색다르게 보는 창의력이 필요하다.
2	
3	

▶ 추천 직업 카피라이터, 디지털 마케터, 문서 감정사, 언어 연구원, 키워드 에디터, PT 컨설턴트

자유자재 네이밍 체험하기

명절 선물로 인기 있는 굴비에는 '비굴하지 않겠다.'라는 뜻이 담겨 있어요. 오늘날 영광 지역의 상징이 된 굴비처럼 재미있는 상품 이름을 만들어 볼까요?

마음에 드는 상품을 골라 브랜드 이름을 짓고 그 의미도 함께 적어 보세요.

● 체험 예시

네이밍 체험하기

작성자 : 박진로	학교 : 드림초등학교

상품 : 떡볶이

브랜드 이름 : 똑똑 떡볶이

브랜드의 의미 :
우리나라 국민의 사랑을 받는 대표 메뉴이다.
똑똑하고 건강한 음식으로 강조하여 판매할 예정이다.
또한 전 세계에 대한민국을 대표하는 똑똑한 한류 식품으로
홍보하기 위해 태극 마크가 새겨진 도시락에
포장해서 판매할 것이다.

네이밍 체험하기 1

- ⭐ 작성자
- ⭐ 학교
- ⭐ 상품
- ⭐ 브랜드 이름
- ⭐ 브랜드의 의미

네이밍 체험하기 2

- ⭐ 작성자
- ⭐ 학교
- ⭐ 상품
- ⭐ 브랜드 이름
- ⭐ 브랜드의 의미

조선 최고의 이벤트, 화성 행차
파티 플래너

수원에는 조선 임금 정조가 쌓은 성곽인 화성이 있어요. 그 안에는 행궁이 있지요. '행궁'이란 임금이 한양을 떠나 다른 지방에 갈 때 머무는 임시 궁궐이에요. 정조는 아버지 사도 세자의 묘를 화성으로 옮기고, 화성에 여러 차례 다녀갔어요. 그때마다 화성 행궁에 머물며 다양한 행사를 펼쳤답니다.

1795년 화성 행궁에 아주 특별한 행사가 열렸어요. 바로 정조의 어머니인 혜경궁 홍씨의 회갑(예순한 살) 잔치였어요. 정조의 아버지 사도 세자는 정조가 어렸을 때 뒤주에 갇혀 세상을 떠났어요. 사도 세자가 살아 있었다면 혜경궁 홍씨와 함께 회갑을 맞았을 거예요.

효성이 지극했던 정조는 아버지와 어머니의 회갑 잔치를 함께 축하해 드리고 싶었어요. 그래서 아버지의 묘가 있는 화성에서 조선 최고의 이벤트를 열었어요. 정조가 기획한 깜짝 파티였지요. 조선 시대 행궁 중 가장 웅장했던 화성 행궁에서 치러진 회갑 잔치를 통해, 오늘날 파티를 기획하고 연출하는 파티 플래너에 대해 알아보아요.

파티 플래너는 어떤 직업일까요?

　파티를 준비하려면 장소는 물론이고 음식과 음악, 상차림 등 신경 써야 할 것이 한두 가지가 아니지요. 이 복잡한 파티의 전 과정을 감독하는 전문 직업이 있어요. 파티를 이끄는 파티 지휘자, 파티 플래너가 그 주인공이에요.

　파티 플래너는 고객이 원하는 대로 파티를 기획하고 진행하는 전문가예요. 파티 기획은 물론 섭외, 홍보, 연출에 이르기까지 파티의 모든 과정을 책임지지요. 뿐만 아니라 파티 목적에 맞게 파티 장소를 직접 꾸미는 일도 한답니다. 파티가 열리는 날에는 초대한 사람들을 안내하고, 프로그램이 잘 진행되고 있는지 살펴보고, 불만 사항을 확인하고 관리해요.

　최근에는 규모가 큰 행사를 진행하는 경우도 많아졌어요. 큰 행사의 경우 조명과 무대 등 특수 효과는 물론, 춤이나 연주 등 특별 순서도 준비하지요.

 ### 어떤 적성이 필요할까요?

　파티 플래너는 풍부한 아이디어는 물론이고 창의적인 기획력과 예술적 감각, 사람을 이끄는 리더십, 마케팅 실력 등 여러 가지 능력을 골고루 갖추어야 해요. 또한 긍정적인 사고를 가지고 상대방을 배려하는 마음을 늘 잃지 말아야 하지요.

 ### 어떻게 준비할까요?

　파티 플래너는 아이디어가 생명이에요. 그래서 여러 분야의 책을 읽는 것이 중요해요. 또한 다양한 문화를 체험하여 경험을 쌓고, 특별한 파티를 연출할 수 있는 능력을 길러야 하지요. 무엇보다 파티에 대한 열정과 관심이 있다면 더욱 유능한 파티 플래너가 될 수 있어요.

- ⭐ 파티 플래너는 아이디어가 풍부하고 활동적인 어린이에게 적합한 직업이에요. 이처럼 **여가나 행사와 연관된 직업**을 찾아 동그라미 해 보세요.

> 여행 상품 개발자, 카피라이터, 빅데이터 전문가, 행사 기획자, 컨벤션 기획자

정답 186쪽

- ❇️ 다음 추천 직업은 미술과 음악, 사회를 좋아하는 어린이에게 적합해요. 그중 자신이 하고 싶은 흥미 직업을 찾아 **그 직업이 하는 일과 필요 능력**을 써 보세요.

흥미 직업	하는 일과 필요 능력
1 문화 여가사	하는 일: 문화와 여가에 대한 다양한 정보와 서비스를 제공하여 여가 시간을 알차게 즐기는 방법을 알려 준다. 필요 능력: 다른 사람의 입장을 잘 이해할 줄 알아야 한다.
2	
3	

🏷️ **추천 직업** 문화 여가사, 레크레이션 강사, 소비 생활 어드바이저, 여행 상품 개발자, 컨벤션 기획자, 행사 기획자

부모님을 위한 아주 특별한 파티

정조의 화성 행차는 《원행을묘정리의궤》에 기록되어 있어요. 돌아가신 아버지와 어머니를 위해 회갑 잔치를 열었던 정조의 효심을 생각하며, 부모님을 위한 파티를 기획해 보세요. 파티 날짜와 시간, 장소, 초대할 사람과 음식 등을 생각하며, 세상에서 가장 특별한 파티가 되도록 기획해 보세요.

정조가 기획한 《8일간의 화성 행차》

- **첫째 날** 한강 배다리를 건너 시흥 행궁에서 하룻밤을 묵었어요.
- **둘째 날** 화성 행궁에 도착한 정조는 황금 갑옷으로 갈아입고, 백성에게 강력한 왕의 모습을 보여 주었어요.
- **셋째 날** 오전에는 과거를 실시하고, 오후에는 회갑 잔치 예행연습을 했어요.
- **넷째 날** 어머니 혜경궁 홍씨와 함께 아버지의 능을 방문하고, 오후에는 군사 훈련을 주관했어요.
- **다섯째 날** 혜경궁 홍씨의 회갑 잔치를 열었어요.
- **여섯째 날** 노인들을 위해 양로연을 베풀고, 밤에는 불꽃놀이를 하였어요.
- **일곱째 날** 다시 한양으로 출발하였어요. 돌아오는 길에 백성들을 만나 어려움을 듣고 해결해 주고자 노력했어요.
- **여덟째 날** 배다리를 건너 창덕궁으로 돌아왔어요. 화성까지 함께 다녀온 신하와 군사들을 위로하는 잔치를 베풀고 상을 내렸어요.

파티 기획서

- ⭐ 왜 파티를 하나요?

- ⭐ 누구를 위해?

- ⭐ 언제

- ⭐ 어디서

- ⭐ 초대할 사람

- ⭐ 메뉴

- ⭐ 장소 꾸밀 방법

- ⭐ 음악

- ⭐ 파티 순서

PART 02
건축·공학·의학

우리 아빠 직업은 움집 건축가 **건축가**

 고조선의 엘리트, 대장장이 **금속 공학자**

말, 소, 돼지, 개를 사랑한 부여 **수의사**

 새 도읍지 한양을 건설하라! **도시 계획가**

15세기 발명왕 장영실 **로봇 공학자**

 빅데이터 명장 이순신 **빅데이터 전문가**

융합 천재 정약용 **유비쿼터스 도시 기술자**

우리 아빠 직업은 움집 건축가
건축가

　인류 최초의 보금자리는 어디였을까요? 사나운 맹수와 매서운 추위를 피하기에 안성맞춤인 동굴이에요. 먹을 것을 찾아 이리저리 옮겨 다니며 동굴을 찾지 못한 날도 있었어요. 그럴 때는 바위틈에서 지내거나, 나뭇가지나 동물 뼈로 막집을 지었어요.

　그러던 어느 날, 사람들은 곡식의 씨앗을 뿌리면 더 많은 곡식을 거둘 수 있다는 사실을 알게 되었어요. 이후 점점 농사 기술이 발달했어요. 사람들은 점차 농사 짓기도 좋고 물고기도 많이 잡히는 강가로 모여들었어요. 그곳에 기둥을 세우고, 나뭇가지나 억새풀로 지붕을 엮은 움집을 만들었지요. 움집은 겨울이면 따뜻하고, 여름이면 시원했어요. 이때 사람들은 주로 간석기*를 썼지요. 이 시기를 신석기 시대라 해요.

현재 암사동 선사 유적지에는 기원전 6,500~5,000년경 신석기 사람들이 살았던 움집 10채가 복원되어 있어요. 당시 사람들은 움집에 살며 화덕에 생선과 고기를 굽고, 갈돌과 갈판으로 음식을 만들어 먹었어요. 신석기 시대부터 지어진 움집을 떠올리며, 오늘날 집이나 건물 등을 아름답고 실용적으로 만들어 내는 건축가에 대해 알아보아요.

*간석기 : 돌을 갈아 만든 도구예요. 돌도끼, 돌화살촉, 갈돌과 갈판(곡물 등을 갈고 부수는 도구) 등이 있어요.

건축가는 어떤 직업일까요?

집, 극장, 학교, 도서관, 병원 등 사람들이 생활하는 건물을 짓는 직업인을 '건축가'라고 해요. 건축가는 고객이 원하는 장소에 안전하고 편안하며 아름다운 건축물을 짓지요.

건축가의 일은 건물을 지으려는 고객의 의뢰를 받은 뒤부터 시작돼요. 건물을 세울 장소, 용도, 비용, 콘셉트, 건축법 등을 고려하여 설계 방향이나 디자인을 결정해요. 때로는 축소 모형을 만들어서 완성된 건축물의 모습을 고객에게 미리 보여 주기도 한답니다.

고객과 의논한 뒤 건축 설계도를 완성하면, 비로소 공사를 시작해요. 이때부터 건축가는 건물이 설계대로 잘 지어지고 있는지 꼼꼼히 확인하지요. 설비, 전기, 인테리어, 조경, 토목 등 각 분야의 전문 기술자와 함께 호흡을 잘 맞춰 일해야 해요. 그래야 환경, 안전, 품질 등이 보장된 근사한 건축물이 탄생하거든요.

어떤 적성이 필요할까요?

건축가는 공간 지각력과 창의력이 필요해요. 이와 더불어 건축 공학 지식과 예술 감각을 지니고 있어야 하지요. 설계부터 공사가 마무리될 때까지 책임져야 하는 만큼 책임감과 끈기도 필요하고요. 또한 공사 현장에서 일하는 사람들을 이끌 수 있는 지도력과 배려하는 마음이 있어야 해요.

어떻게 준비할까요?

건축학과는 일반학과와 달리 5년제예요. 건축가가 되기 위해서는 수학, 과학, 미술을 열심히 공부해야 해요. 멋진 건축물을 지으려면 과학 기술은 물론 예술적인 안목이 있어야 하기 때문이죠. 공간 지각력과 창의력을 키우기 위해서는 평소 블록 쌓기나 퍼즐, 조립 놀이를 하는 것도 좋아요.

● 공간 설계 능력, 도형에 대한 이해, 창의성과 예술성을 갖춘 어린이에게 적합한 직업이에요. **건축가와 함께 일하는 직업**을 찾아 동그라미 해 보세요.

> 건축 공학자, 머천다이저, 외교관, 도시 계획가, 조경 기술자

정답 186쪽

✳ 다음 추천 직업은 수학과 과학, 미술을 좋아하는 어린이에게 적합해요. 그중 자신이 하고 싶은 흥미 직업을 찾아 **그 직업이 하는 일과 필요 능력**을 써 보세요.

흥미 직업	하는 일과 필요 능력
1 도시 계획가	하는 일: 신도시 건설을 위해 신도시에 필요한 건축물을 계획하고 설계해요. 필요 능력: 자연 환경과 사람이 만든 환경을 잘 분석할 줄 알아야 한다.
2	
3	

추천 직업: 도시 계획가, 유비쿼터스 도시 기술자, 전통 가옥 기술자, 조경 기술자, 측량 기술자, 토목 공학자

나의 꿈을 담은 우리 집

여러분은 어떤 꿈을 갖고 있나요? 그 꿈과 어울리는 집에 살면 어떨까요? 미래 여러분이 이루고 싶은 꿈을 생각해 보고 그것에 맞는 집을 지어 봅시다. 여러분의 집을 설계해 보세요.

● 체험 예시

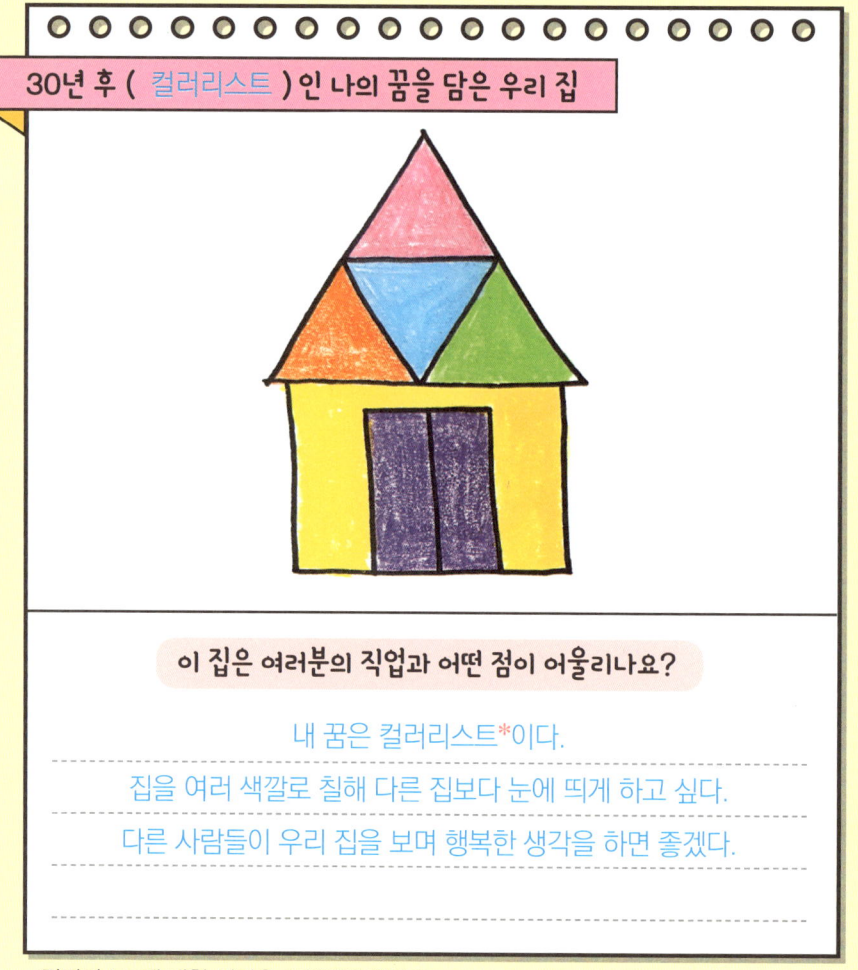

30년 후 (컬러리스트)인 나의 꿈을 담은 우리 집

이 집은 여러분의 직업과 어떤 점이 어울리나요?

내 꿈은 컬러리스트*이다.
집을 여러 색깔로 칠해 다른 집보다 눈에 띄게 하고 싶다.
다른 사람들이 우리 집을 보며 행복한 생각을 하면 좋겠다.

* 컬러리스트에 대한 설명은 156쪽에 있어요.

30년 후 (　　　　)인 나의 꿈을 담은 우리 집

이 집은 여러분의 직업과 어떤 점이 어울리나요?

고조선의 엘리트, 대장장이
금속 공학자

고조선 최고의 직업은 무엇일까요? 바로 청동을 만드는 대장장이예요. 그들이 만드는 청동기는 당시 최고로 멋지고 귀했거든요.

청동은 구리에 주석을 섞어 만든 합금이에요. 청동으로 거울이나 방울, 무기 등을 주로 만들었어요. 번쩍번쩍 빛나는 청동으로 몸을 꾸민 족장을 상상해 보세요. 목에 건 청동 거울은 태양처럼 빛났고, 허리에 찬 청동 검과 청동 방울 소리는 백성들의 마음을 사로잡았어요. 이처럼 청동기 문화가 널리 퍼진 시기를 청동기 시대라고 해요.

청동기 시대에서 철기 시대를 거쳐 발전한 금속 기술은 오늘날 금속 공학으로 불려요.

금속을 이용해 신소재를 만들고, 신소재를 활용하여 제품을 만드는 전문가, 금속 공학자에 대해 알아볼까요?

금속 공학자는 어떤 직업일까요?

지구상에 산소와 물이 없어지면 어떻게 될까요? 지구에 살던 생명체가 모두 사라질 거예요. 이처럼 우리 생활에 없어서는 안 될 꼭 필요한 재료가 있어요. 음료 캔부터 동전, 악기, 자동차, 건축물 등 다양한 제품에 쓰이는 금속이에요.

구리나 주석, 철 같은 금속은 암석으로 이루어진 광물 속에 있어요. 이런 광물로부터 금속을 분리하거나 불순물을 없애고, 우리 생활에 필요한 제품으로 만드는 전문가를 금속 공학자라고 해요.

영화 《아이언맨》 주인공이 입은 슈트를 떠올려 보세요. 그 슈트를 입으면 총에 맞아도 끄떡없고, 불길 속에서도 안전해요. 영화 속에 등장하는 금속 슈트는 '티타늄'과 다른 금속을 섞어 만든 합금 재질이거든요. 뜨거운 열을 가하면 원래 모양으로 되돌아오는 형상 기억 합금도 우리 생활에 많이 쓰여요. 금속 공학자는 금속의 특성을 연구하고 새로운 금속을 개발하여 우리 생활에 필요한 제품을 만들어요.

어떤 적성이 필요할까요?

금속 공학은 첨단 과학 기술 분야예요. 그래서 금속 공학자는 기존의 기술을 공부하여 새로운 기술을 만들어 내려는 진취성이 있어야 해요. 조작 활동을 즐기고 관찰하거나 연구하는 것을 좋아하는 어린이에게 적합하지요. 인내심과 협동심도 필요해요. 다른 사람과 함께 하는 일이 많거든요.

어떻게 준비할까요?

금속 공학자가 되려면 수학과 과학, 특히 물리와 화학 공부를 해야 해요. 또한 수많은 실험을 통해 새로운 물질을 개발해야 하므로 미리 과학 동아리 활동을 하면서 실험 연습을 하세요. 그러면서 스스로 문제를 해결하는 능력과 자신의 생각을 표현하고 즐기는 능력을 키우세요.

연관 직업 **탐색 활동**

⭐ 금속 공학자는 호기심과 분석력이 뛰어난 어린이에게 적합한 직업이에요. 금속 공학처럼 **공업의 이론이나 기술을 연구하는 다양한 직업**을 찾아 동그라미 해 보세요.

> 로봇 공학자, 변리사, 기계 공학자, 경호원, 전자 공학자

정답 186쪽

⭐ 다음 추천 직업은 수학과 과학(물리, 화학)을 좋아하는 어린이에게 적합해요. 그중 자신이 하고 싶은 흥미 직업을 찾아 **그 직업이 하는 일**을 써 보세요.

흥미 직업	하는 일
1 재료 공학자	모든 산업에 사용하는 금속 및 비금속 재료를 가공하는 과정을 연구하고 개발한다.
2	
3	

추천 직업 재료 공학자, 기계 공학자, 로봇 공학자, 반도체 공학자, 전자 공학자, 컴퓨터 시스템 개발자

미래 직업에 필요한 스마트폰

만약 금속이 없었다면 스마트폰은 탄생하지 못했을 거예요. 스마트폰의 재료가 모두 금속이거든요. 여러분이 미래에 어떤 일을 하든 스마트폰은 꼭 필요한 도구예요. 지금도 많은 사람들이 스마트폰으로 일을 하고 있어요. 여러분의 직업에 꼭 필요한 스마트폰의 기능을 생각해 보세요.

● 체험 예시

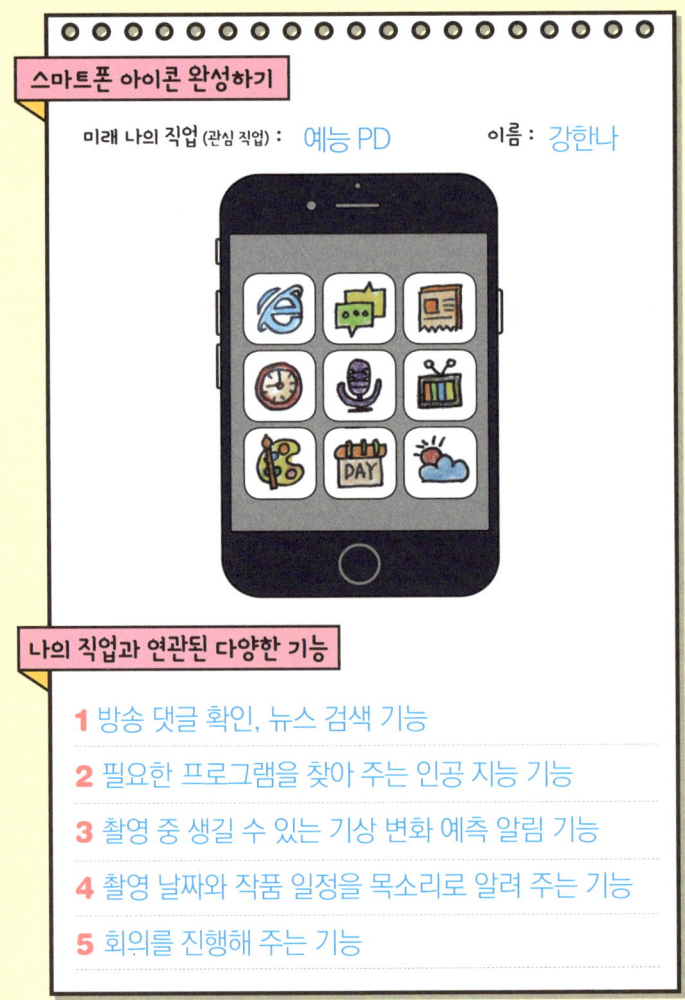

스마트폰 아이콘 완성하기

미래 나의 직업 (관심 직업) : 예능 PD   이름 : 강한나

나의 직업과 연관된 다양한 기능

1 방송 댓글 확인, 뉴스 검색 기능
2 필요한 프로그램을 찾아 주는 인공 지능 기능
3 촬영 중 생길 수 있는 기상 변화 예측 알림 기능
4 촬영 날짜와 작품 일정을 목소리로 알려 주는 기능
5 회의를 진행해 주는 기능

스마트폰 아이콘 완성하기

미래 나의 직업(관심 직업) :   이름 :

나의 직업과 연관된 다양한 기능

1
2
3
4
5

말, 소, 돼지, 개를 사랑한 부여
수의사

부여는 고조선에 이어 우리나라에 세워진 두 번째 나라예요. 고조선이 멸망할 무렵 드넓은 만주에서 힘을 키우고 있었지요. 나라가 다섯 지역으로 나뉘어 있었는데, 왕은 중앙을 다스렸고, '가'라는 벼슬을 가진 네 명의 부족장들이 각각 동서남북 지역을 다스렸어요. 이렇게 여러 부족이 모인 국가를 '연맹 국가'라고 해요.

부여는 농사뿐 아니라 목축업이 발달했어요. 가축을 매우 중시하여 네 지역 부족장의 벼슬 이름까지도 마가, 우가, 저가, 구가라고 지었어요. 마는 말, 우는 소, 저는 돼지, 구는 개를 뜻하지요.

특히, '구가'를 상징하는 개는 오랫동안 인간과 함께 어울려 산 동물이에요. 최근에는 가족이라는 뜻으로 '반려동물'이라고 불려요. 반려동물을 가족처럼 생각하는 사람들을 일컬어 '펫팸(Pet+Family)족'이라고 해요. 가족 같은 동물이 아플 때 어떻게 해야 할까요? 동물의 질병 예방부터 진단, 치료, 수술까지 책임지는 동물 전문가, 수의사에 대해 알아보아요.

수의사는 어떤 직업일까요?

인간과 동물은 선사 시대부터 아주 가까운 사이였어요. 사람이 사냥해 온 동물을 기르기 시작했고, 그 뒤 동물은 농사를 도와주거나 무거운 짐을 들어 주며 교통수단이 되기도 했어요.

오늘날에도 동물은 우리 생활에서 아주 중요해요. 친구나 가족처럼 우리와 함께 살기도 해요. 이런 동물이 아플 때 치료해 주는 사람이 바로 수의사랍니다. 수의사는 축산 가축부터 애완동물, 희귀 동물까지 치료하고 새로운 약도 개발해요. 수의사는 하는 일이 매우 다양해요. 보통 동물 병원에서 애완동물이나 특수 동물을 진료해요. 또한 동물원, 마사회, 제약 업체, 식품 의약품 안전처, 농림 축산 검역소 등 국내는 물론 세계 동물 보건 기구와 국제 수역(가축 전염병) 사무국과 같은 국제기구에서도 활동하지요.

어떤 적성이 필요할까요?

말을 못하는 동물의 심리와 상처를 알아차릴 수 있는 세심한 관찰력과 의사소통 능력이 필요해요. 또한 다양한 동물을 치료해야 하므로 각 동물의 특성에 맞는 상황 판단력과 문제 해결 능력이 있어야 하지요. 또한 섬세하게 수술할 수 있는 손 기술을 갖춰야 해요. 나아가 생명을 책임진다는 사명감과 책임감이 필요하지요.

어떻게 준비할까요?

수의사가 되려면 수의학과 6년 과정을 전공하고 국가 시험에 합격해야 해요. 주변 동물에 관심을 가지고 수학과 과학(생물) 공부를 열심히 하세요. 생물 연구 동아리 활동도 도움이 돼요. 하지만 단순히 동물을 좋아하는 마음만으로 수의사가 될 수는 없어요. 생명을 다루는 일이므로 평소 자신의 성격과 맞는지 잘 생각해 보세요.

연관 직업 **탐색 활동**

🟠 수의사는 동물을 사랑하는 어린이에게 적합한 직업이에요. 수의사처럼 **동물과 연관된 직업**을 찾아 동그라미 해 보세요.

> 동물 간호사, 프로파일러, 동물 사육사, 애견 테라피스트, 소방관

정답 186쪽

🟢 다음 추천 직업은 수학과 과학(생물)을 좋아하는 어린이에게 적합해요. 그중 자신이 하고 싶은 흥미 직업을 찾아 **그 직업이 하는 일**을 써 보세요.

흥미 직업	하는 일
1 애견 테라피스트	애완견의 질병이나 마음의 상처를 사전에 예방하고, 애완견의 건강을 유지하는 방법을 주인에게 조언해 준다.
2	
3	

추천 직업 애견 테라피스트, 동물 간호사, 동물 사육사, 애견 미용사

동물 사전 만들기

오늘날 우리가 즐기는 윷놀이는 부여의 관직 이름에서 유래된 민속놀이예요. 부여인의 애완동물이었던 말(마가), 소(우가), 돼지(저가), 개(구가)가 그 주인공이지요. 윷놀이에 등장하는 동물의 정보와 특성을 조사하여 동물 사전을 만들어 보세요. 자신이 좋아하거나 관심 있는 동물도 함께 조사하여 만들어 보세요.

말은 포유류예요. 네 개의 다리가 있고, 목과 얼굴이 길고 목덜미에는 갈기가 있으며, 꼬리는 긴 털로 덮여 있어요. 성질이 온순하고 잘 달리며 힘이 세요.

돼지는 포유류예요. 다리와 꼬리가 짧고 주둥이가 뾰족해요. 잡식성으로 온순하며 건강해요. 임신 4개월 만에 8~15마리의 새끼를 낳아요.

소는 포유류예요. 짧은 털이 나 있고, 발굽은 둘로 갈라져 있으며, 꼬리는 가늘고 길어요. 풀 등을 먹는데 한 번 삼킨 것을 되새김해요.

개는 포유류예요. 가축으로 사람을 잘 따르고 영리해요. 집에서 가장 많이 기르는 애완동물이에요. 냄새를 잘 맡으며 귀가 밝아요.

 말 마사지사

말 마사지사는 경주마를 마사지하는 사람이에요. 힘든 훈련을 마친 경주마들은 근육에 피로가 쌓이고 뼈나 인대를 다치기 쉬워요. 이때 마사지사들은 경주마의 다친 곳을 마사지로 풀어 주고, 체력을 회복시켜 주지요. 실제로도 효과가 뛰어나 경기를 할 때 큰 도움이 돼요. 성적이 좋지 않던 말이 마사지를 받고 나서 1등을 할 정도예요.

동물 사전 만들기

사진이나 그림	말
사진이나 그림	소
사진이나 그림	돼지
사진이나 그림	개
사진이나 그림	

새 도읍지 한양을 건설하라!
도시 계획가

이성계는 새 나라 조선을 세우고, 한양을 도읍지로 정했어요(1394년). 한양은 나라의 중심에 위치한 데다가, 한강 뱃길을 이용할 수 있어 교통이 편리했어요. 뿐만 아니라 너른 평야가 펼쳐져 농사짓기에도 좋고, 산으로 둘러싸여 있어 외적의 침입을 막기에도 유리했어요. 이성계는 정도전에게 한양 건설을 맡기고, 유교를 건국 이념으로 삼아 나라의 기틀을 마련해 갔어요.

정도전은 한양에 들어설 건물 위치와 이름에 유교의 정신을 담았어요. 우선 경복궁을 세우고, 경복궁 왼쪽(동쪽)에는 종묘를, 오른쪽에는 사직(서쪽)을 세웠어요. 종묘는 왕의 조상에게 제사를 지내기 위해, 사직은 농사가 잘되기를 바라며 땅의 신인 '사'와 곡식 신인 '직'에게 제사를 지내기 위해 세운 거예요. 또 한양 둘레에 성곽을 쌓고, 동서남북에 사대문과 사소문을 만들었어요.

정도전이 설계한 한양은 훌륭한 계획 도시였어요. 도성 안에는 큰길과 관청, 마을, 시장 등이 들어섰고, 점점 살기 좋은 도시로 발전했지요. 오늘날 도시에는 도로와 공원, 아파트, 병원 등 사람이 생활하는데 필요한 다양한 시설이 갖추어져 있어요. 이처럼 새로운 도시를 계획하고 건설하는 도시 계획가에 대해 알아볼까요?

도시 계획가는 어떤 직업일까요?

'친환경 도시 개발'이나 '행정 도시 건설'이라는 말을 들어 본 적이 있나요? 이렇게 새로운 도시를 만드는 사람을 도시 계획가라고 해요. 새로운 도시에 살게 될 사람들을 위해 도로와 건물, 상하수도 등 도시에 필요한 시설을 세우기 위해 계획하고 설계하지요. 뿐만 아니라, 사람들이 더욱 편안하고 쾌적하게 살 수 있도록 기존 도시를 변화시키는 일도 해요.

도시를 계획할 때에는 그 지역의 지리적 위치와 문화적 특성 등 자료를 철저히 분석해야 해요. 특히 도시의 유적과 유물이 훼손되지 않도록 각별히 신경 써야 해요. 도시 계획안이 결정되면 지방 자치 단체나 건설 회사 등 도시 계획에 필요한 각 분야 전문가들과 의논을 해요. 이때 도시 계획가는 다양한 사람들을 만나 도시 계획에 대한 여러 의견을 듣고 정리하지요. 도시 계획이 확정되면 본격적으로 공사를 시작해요. 도시 계획가는 도시를 잘 건설하기 위해 모든 과정을 감독해요.

 ### 어떤 적성이 필요할까요?

도시 계획가는 여러 분야의 사람들을 만나고 그들과 의견을 조율하면서 도시를 설계해요. 도시 계획자가 그 과정을 매끄럽게 진행하려면 사람들을 잘 이끄는 리더십과 의사소통 능력을 갖추어야 해요. 또한 새로운 도시를 설계할 수 있는 창의력과 분석적인 사고, 공간 지각력도 필요하지요.

 ### 어떻게 준비할까요?

도시 계획가는 다양한 건축물로 이루어진 도시를 잘 이해해야 해요. 그래서 무엇보다 도시에 관한 경험이 중요해요. 국내외 도시를 여행하며 각 도시의 특징을 눈여겨 살펴보세요. 그렇게 하면 새로운 도시를 설계하는 데 필요한 창의력이 자연스럽게 자라날 거예요.

연관 직업 탐색 활동

⭐ 도시 계획가는 여러 사람의 의견을 잘 듣고 조율할 수 있는 리더십과 반짝이는 창의력을 가진 어린이에게 적합한 직업이에요. **도시 계획가와 연관된 직업**을 찾아 동그라미 해 보세요.

> 친환경 도시 계획가, 아나운서, 도시 재생 연구원, 식품 MD,
> 도시 녹화 설계 기술자

정답 186쪽

✳️ 다음 추천 직업은 국어와 수학, 사회를 좋아하는 어린이에게 적합해요. 그중 자신이 하고 싶은 흥미 직업을 찾아 **그 직업이 하는 일**을 써 보세요.

흥미 직업	하는 일
1 친환경 도시 계획가	기존 도시를 친환경적, 생태 문화적인 도시로 바꾸는 일을 한다. 또한 자연환경을 보호하고, 탄소 배출을 줄이는 에너지 절약형 신도시 건설을 계획한다.
2	
3	

추천 직업 친환경 도시 계획가, 도시 녹화 설계 기술자, 도시 재생 연구원, 유비쿼터스 도시 기술자

도시 계획 따라 하기

현재의 서울은 조선의 수도 한양을 물려받은 유서 깊은 도시예요. 조선의 도시 계획가 정도전은 성리학의 기본 원리에 따라 한양을 설계했지요. 한양의 모습을 그린 지도를 보고, 내가 정도전이라면 어떻게 새 수도를 설계할지 한양에 필요한 건축물과 시설물을 표시해 보세요.

● 조선 시대 한양의 모습

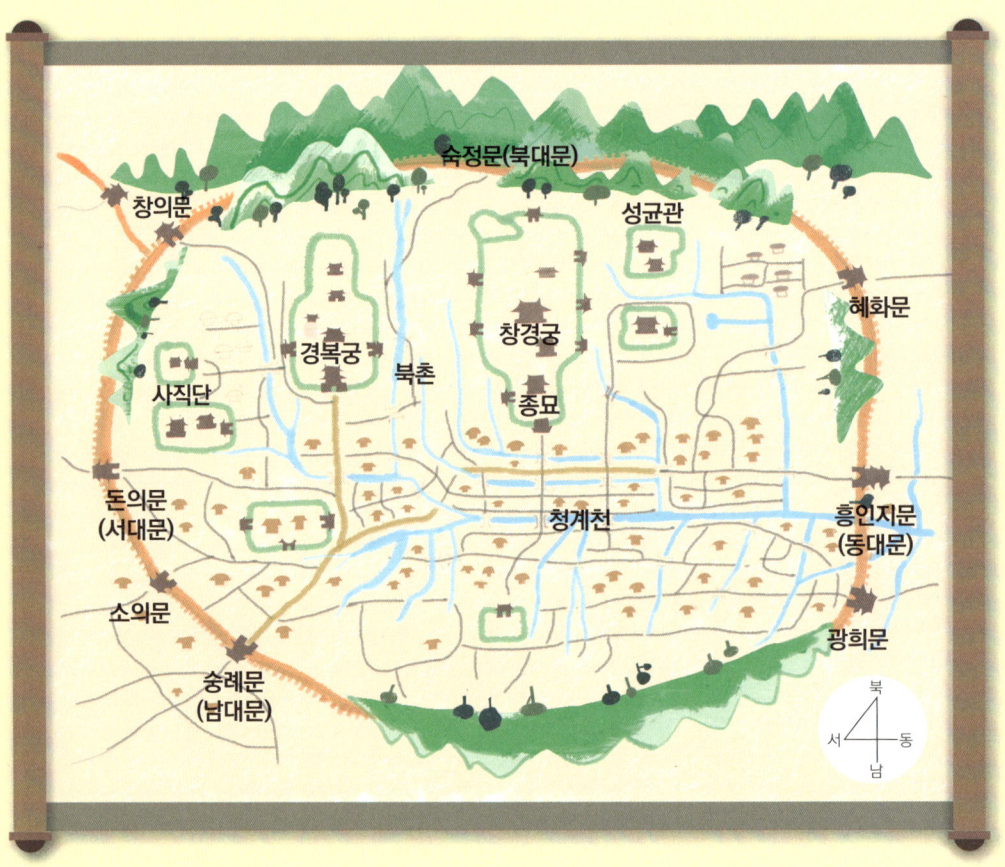

한양을 설계해 보세요!

15세기 발명왕 장영실
로봇 공학자

　조선 최고의 과학자 장영실은 부산 관청에서 일하는 노비였어요. 조선에는 신분 제도가 있어 노비는 관직에 나갈 수 없었어요. 그러나 세종 대왕은 장영실의 뛰어난 재능을 알아보고 그를 궁중 기술자로 불러들였어요. 그리고 상의원별좌라는 벼슬을 주었어요(1423년). 그 후 장영실은 별자리를 관측하는 간의대뿐 아니라 해시계, 측우기 등을 만들었지요.

　당시 조선에는 밤 10시부터 새벽 4시까지 통행금지가 있었어요. 그런데 시계가 정확하지 않은 데다, 종지기가 잠시 한눈이라도 팔면 종 치는 시간을 놓치기 일쑤였어요. 그래서 세종은 시각을 알려 주는 자동 시계를 만들라고 명령했어요. 마침내 장영실은 시각을 알려 주는 '자격루'라는 자동 물시계를 발명했어요. 세종은 시각을 정확히 알게 되자, 자격루를 나라의 표준 시계로 삼았어요.

장영실은 15세기 조선 최고의 발명가이자 과학자로 손꼽혀요. 뛰어난 기술을 바탕으로 농사는 물론이고 무기 제조, 활자, 천문 등 다양한 분야의 발명품을 만들었기 때문이에요.

최근 인간 생활에 도움이 되는 로봇을 개발하기 위해 노력하는 사람들이 있어요. 바로 로봇 공학자예요. 인간에게 유익한 로봇을 개발하는 로봇 공학자에 대해 알아볼까요?

로봇 공학자는 어떤 직업일까요?

로봇 공학자는 우리 생활에 도움이 되는 다양한 로봇을 만들어요. 청소 로봇, 탐사 로봇, 산업용 로봇 등 다양하지요.

'로봇(Robot)'이란 말은 '강제 노동', '노예'를 뜻하는 체코어 '로보타(Robota)'에서 유래되었어요. 인간 대신 일하는 로봇은 1920년 체코의 극작가인 카렐 차페크의 희곡《로섬의 만능 로봇》에 처음으로 등장했어요. 실제 로봇은 1959년에 처음 만들어졌지요.

사람의 명령에 따라 움직이는 로봇에는 복잡한 기술이 들어 있어요. 그래서 로봇을 설계하고 제작하는 기계 공학, 로봇의 머리인 컴퓨터와 부품을 연결하는 전자 공학, 로봇 센서를 개발하고 제어하는 통신 공학, 로봇의 움직임을 설계하는 소프트웨어 등 각 분야를 전공한 로봇 공학자가 함께 만들어야 해요.

어떤 적성이 필요할까요?

호기심이 많고 새로운 사실을 탐구하기를 좋아해야 해요. 로봇을 설계하고 만들 과학 지식도 풍부해야 하고요. 또한 다양한 사람들과 잘 어울려 일할 수 있어야 해요. 그뿐 아니라, 연구 부담감과 스트레스로 힘들 때가 많으므로 결과물이 나올 때까지 잘 견디는 마음도 중요해요.

어떻게 준비할까요?

로봇 공학은 다양한 지식과 기술이 연결된 학문이에요. 수학과 과학, 컴퓨터 등을 열심히 공부하세요. 그리고 평소 로봇과 관련된 책을 많이 읽고 로봇의 원리와 기능 등을 파악해 두세요. 또한 과학 발명품 대회나 로봇 경진 대회 등 과학 관련 행사에 적극 참여해 보세요.

연관 직업 탐색 활동

● 로봇의 활용 분야가 넓어지는 만큼 다양한 로봇이 개발되고 있어요. 우리의 생활과 산업에 도움이 되는 **로봇과 연관된 직업**을 찾아 동그라미 해 보세요.

> 로봇 감성 인지 연구원, 도시 계획가, 로봇 디자이너, 사육사,
> 안드로이드 로봇 공학자

정답 186쪽

● 다음 추천 직업은 수학, 과학, 컴퓨터 등을 좋아하는 어린이에게 적합해요. 그중 자신이 하고 싶은 흥미 직업을 찾아 **그 직업이 하는 일**을 써 보세요.

흥미 직업	하는 일
1 로봇 감성 인지 연구원	로봇이 인간의 의도에 따라 가장 효율적으로 작동하는 데 필요한 생체 및 감각 기술을 연구한다.
2	
3	

추천 직업 로봇 감성 인지 연구원, 로봇 디자이너, 로봇 하드웨어 설계 기술자, 안드로이드 로봇 공학자

로봇 비서를 만들어요

자격루는 인형들이 자동으로 시각을 알려 주는 발명품이에요. 우리나라의 첫 번째 로봇이었던 셈이지요. 최근 각 나라마다 인공 지능을 지닌 로봇 비서들이 개발되고 있어요. 사진을 찍고 메시지를 보내고, 전화도 직접 받을 수 있지요. 여러분은 어떤 로봇 비서가 필요한가요? 여러분에게 필요한 로봇 비서를 만들어 보세요.

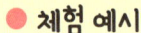 체험 예시

내가 만든 로봇 비서

앞면 모습

⭐ 로봇을 설계한 사람

⭐ 로봇 이름

⭐ 로봇의 기능

⭐ 로봇의 장점

⭐ 로봇의 약점

빅데이터 명장 이순신
빅데이터 전문가

　일본의 최고 권력자였던 도요토미 히데요시가 조선으로 15만 명이 넘는 군사를 보냈어요. 임진왜란이 일어난 거예요(1592년). 신립 장군이 한양으로 밀려오는 왜군에 맞서 육지에서 싸웠지만 새로운 무기, 조총을 든 왜군 앞에서 처참하게 무너지고 말았어요. 그것을 본 선조와 신하들은 궁궐을 버리고 북쪽 의주까지 피란을 떠났어요. 그리고 명나라에 도와달라고 부탁했어요.

　이때 바다에서 좋은 소식이 들려왔어요. 이순신이 옥포 해전에서 왜군을 물리쳤다는 소식이었지요. 이순신은 왜적과 싸워 23전 23승이라는 놀라운 승리를 거두었어요. 명량에서는 이 지역 지형과 바다 물살을 이용해 십여 척의 배만으로 일본군을 물리쳤지요. 이순신은 이렇게 전쟁에 필요한 정보를 미리 모으고 분석하여 왜군을 물리쳤어요.

이순신은 전쟁에 필요한 데이터를 바탕으로 조선군의 전투력을 최대한 발휘할 수 있도록 작전을 세웠어요. 또한 주변 바다와 시간에 따라 변하는 물살과 날씨 등을 고려하여 전투 시간도 조정했지요. 명장 이순신처럼 다양한 데이터의 흐름을 분석하고, 필요한 정보를 찾아내는 직업이 있어요. 디지털 시대에 꼭 필요한 빅데이터 전문가예요. 미래 유망 직업으로 손꼽히는 빅데이터 전문가에 대해 알아보아요.

빅데이터 전문가는 어떤 직업일까요?

기업은 사람들이 어떤 상품에 관심이 있고, 어떤 상품을 더 좋아하는지 알고 싶어 해요. 소비자가 좋아하는 상품을 만들어야 판매가 잘 되기 때문이지요. 이처럼 기업이 궁금해하는 자료와 정보, 즉 데이터를 분석하여 알려 주는 직업이 있어요. 바로 빅데이터 전문가랍니다.

오늘날 지구촌은 인터넷과 휴대 전화를 통해 실시간으로 소통이 가능해요. 통화, 문자, 이메일, 동영상, 블로그, 트위터, 페이스북, 유튜브 등이 소통의 흔적이지요. 이 흔적들이 바로 데이터가 되어, 세계 곳곳의 데이터망에 자동으로 저장이 돼요. 빅데이터 전문가는 숫자와 문자, 영상 등을 포함한 다양한 데이터의 공통점과 흐름 등을 수집하여 분석해요. 그리고 필요한 데이터로 만들어 기업 등에 제공하지요. 이처럼 데이터는 기업의 매출은 물론, 국가 정책이나 스포츠, 미래 예측 등 다양한 분야에 활용된답니다.

어떤 적성이 필요할까요?

다양한 분야의 자료를 분석하는 빅데이터 전문가가 되려면 논리적으로 생각하는 능력이 중요해요. 수집한 대규모 데이터로 잘못된 판단을 내리지 않도록 신중하면서도 여유 있는 마음을 가져야 해요. 어떤 데이터라도 선입관을 갖지 말고 있는 그대로를 분석하는 습관이 매우 중요하답니다.

어떻게 준비할까요?

국어, 수학, 과학, 사회 공부를 열심히 하세요. 또한 고전을 많이 읽어 사람에 대해 이해할 수 있는 능력을 기르세요. 경제, 정치, 문화 전반에도 늘 관심을 가져야 해요. 최근 빅데이터를 활용한 사례들이 많이 있어요. 평소 이런 데이터를 찾아보고 분석하는 습관을 길러 보세요.

* 빅데이터 전문가는 국어, 수학, 과학, 사회에 관심이 높은 어린이에게 적합한 직업이에요. 빅데이터 전문가는 새로운 기술이나 유행 등을 실시간으로 파악해요. 빅데이터 전문가가 활동하는 분야와 데이터 내용을 보고 **그 데이터가 필요한 이유**를 써 보세요.

활동 분야	데이터	데이터가 필요한 이유
상거래 분야	검색어, 댓글, 구매 상품	기업은 소비자들이 검색하는 상품의 검색 횟수와 댓글을 분석해서 새로운 상품을 만들 때 필요한 정보를 얻을 수 있다.
의료 분야	질병 관련 검색어, 검색 지역	
공공 안전 분야	범인의 유전자* 정보	
국가 정책 수립 분야	검색어, 댓글	

* **유전자** : 자손에게 물려줄 신체적, 정신적 특징이 담긴 성분이에요.

날씨 데이터만 알아도 OK!

이순신 장군이 전쟁에서 이길 수 있었던 비결 중 하나는 날씨 데이터를 잘 활용한 거예요. 어떤 빵집에서는 5년 동안 판매 자료를 분석해서, 비가 오면 피자 빵이나 소시지 빵 같은 따뜻한 빵이 더 잘 팔린다는 사실을 알아냈어요. 그리고 날씨에 따라 잘 팔리는 빵을 더 많이 만들어 매출이 크게 올렸지요. 날씨 데이터를 활용해서 어떤 물건이 많이 팔릴지 생각해 보세요.

날씨 데이터 활용

날씨 데이터	무엇이 많이 팔릴까요?
햇볕이 강할 때	
비가 올 때	- 파전 집에 사람들이 많이 간다. - 배달 음식이 많이 팔린다. - 소시지 빵처럼 따뜻한 빵이 잘 팔린다.
눈이 내릴 때	

날씨 데이터	무엇이 많이 팔릴까요?
가뭄이 계속될 때	
홍수가 났을 때	
습도가 높을 때	
강풍이 불 때	
미세먼지가 강할 때	
무더울 때	
추울 때	

융합 천재 정약용
유비쿼터스 도시 기술자

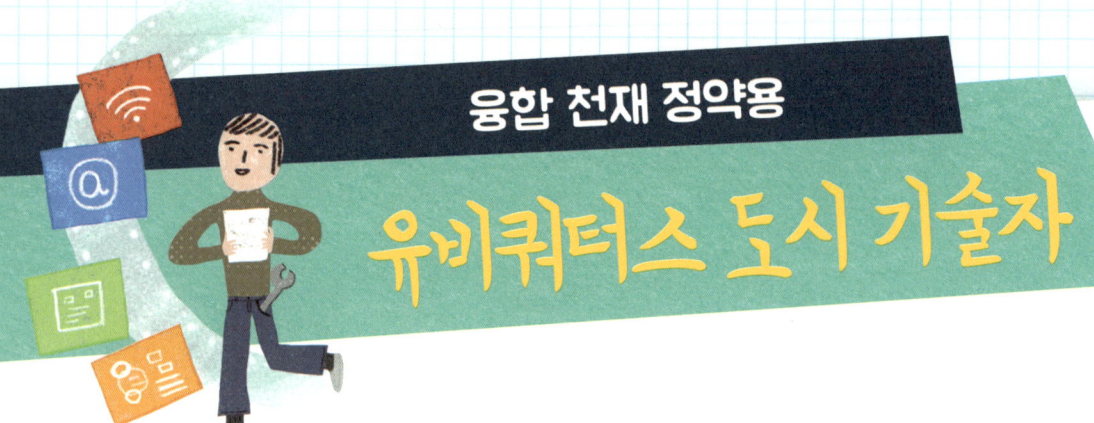

  조선의 학자 정약용은 융합 천재였어요. 《목민심서》를 비롯하여 총 500여 권의 책을 펴낸 인문학자일 뿐 아니라, 배다리와 거중기를 만든 공학자이기도 했거든요. 자연환경과 인문 환경을 감안해 도시 설계를 아주 계획적으로 진행하기도 했지요.

  정약용이 설계한 수원 화성은 오늘날 신도시 건설과 맞먹을 정도로 큰 공사였어요. 석수, 목수, 미장이 기술자 11,820명이 참여하고, 크고 작은 돌이 무려 187,600개나 사용되었으니까요. 이때 가장 힘든 것은 돌을 옮기는 일이었어요. 정약용은 편리한 도구와 기계를 만들어 이 문제를 간단히 해결했어요. 여러 개의 도르래를 이용해 무거운 것을 들어 올리는 거중기뿐 아니라, 유형거와 녹로 같은 기계를 만들어 수원 화성을 짓는데 큰 도움을 주었어요.

　정약용의 발명으로 10년 예정이던 수원 화성 공사를 34개월 만에 마무리했어요. 기근과 가뭄으로 공사가 중단된 6개월을 빼면, 28개월 만에 완성한 거예요.
　21세기에 어울리는 융합 천재 정약용처럼 기존 산업과 IT 산업을 융합시키는 새로운 전문가가 많이 등장하고 있어요. 그중 건설과 정보 통신 기술을 융합해 미래형 도시를 창조하는 마술사 같은 직업, 유비쿼터스 도시(U-City) 기술자에 대해 알아보아요.

유비쿼터스 도시 기술자는 어떤 직업일까요?

유비쿼터스란 '언제 어디에나 존재한다.'라는 뜻이에요. 현실과 컴퓨터를 연결시켜 사람이 편하게 생활할 수 있도록 해 주는 기술이에요. 컴퓨터는 보이지 않는 곳에서 정보 통신으로 사람을 도와주지요.

집 안 온도와 습도 등이 자동으로 조절되고, 위험이 닥쳤을 때 저절로 신고가 된다면 얼마나 좋을까요? 우리 집 냉장고에서 우유가 다 떨어졌을 때 바로 주문이 된다면요? 이런 것이 가능한 도시가 바로 유비쿼터스 도시예요. 유비쿼터스 도시(U-City)는 한마디로 미래형 도시예요. 사람들이 행정, 교통, 복지, 환경 등의 도시 정보를 이용할 수 있도록 도시의 정보 통신 시스템이 구비되어 있지요.

이런 유비쿼터스 도시 시설을 건설하는 기술자가 유비쿼터스 도시 기술자예요. 유비쿼터스 도시 기술자는 첨단 도시 시설물을 갖춘 미래형 도시를 만들기 위해 소프트웨어나 센서, 단말기를 새로 만들거나 설비를 세우고 관리, 감독하지요.

 어떤 적성이 필요할까요?

도시를 만드는 모든 과정을 책임지는 만큼 주변의 의견을 잘 들어야 해요. 여러 사람이 함께 팀으로 일하는 경우가 많기 때문에 원만한 대인 관계를 가질 수 있는 넉넉한 마음가짐이 필요하지요.

 어떻게 준비할까요?

도시에 정보 통신 기술을 접목시키는 분야이기 때문에 도시를 설계하는 데 필요한 수학과 과학 공부를 열심히 해야 해요. 평소 도시 관련 책이나 방송 등을 자주 접하다 보면 자연스럽게 도시를 보는 눈이 넓어지지요.

연관 직업 탐색 활동

⭐ 유비쿼터스 도시 기술자는 컴퓨터에 관심이 많고 분석적이며, 창의적인 어린이에게 적합한 직업이에요. **정보 통신 기술과 건설을 융합시키는 새로운 직업**을 찾아 동그라미 해 보세요.

> 머천다이저, 빌딩 정보 모델링(BIM) 설계사, 국무총리
> 지능형 교통 시스템(ITS) 연구원

정답 186쪽

🌸 다음 추천 직업은 수학과 과학, 컴퓨터에 관심이 많은 어린이에게 적합해요. **유비쿼터스 도시 기술자가 되었을 때 활동하고 싶은 분야를 고르고 그 분야에서 일하고 싶은 이유**를 써 보세요.

활동하고 싶은 분야	일하고 싶은 이유
1 소프트웨어 제작	내가 만든 프로그램으로 사람들이 좀 더 편리하게 사는 모습을 보면 보람 있을 것 같다.
2 센서 제작, 관리	
3 설비 건설	

추천 직업 도시 재생 연구원, 빌딩 정보 모델링(BIM) 설계사, 지능형 교통 시스템(ITS) 연구원, 친환경 건축물 인증 심사원

내가 살고 싶은 유비쿼터스 도시

미래형 최첨단 유비쿼터스 도시에는 어떤 서비스가 제공될까요? 앞으로 우리가 살아갈 유비쿼터스 도시를 상상해 보고, 그곳에 필요한 기술과 이에 따른 부작용도 알아보아요.

유비쿼터스 도시 그리기   내가 생각하는 유비쿼터스 도시를 그려 보세요.

유비쿼터스 도시에 필요한 기술과 부작용

필요한 기술을 그림으로 그린 다음, 장점과 단점을 써 보세요.

⭐ 그림

⭐ 장점

⭐ 단점

⭐ 그림

⭐ 장점

⭐ 단점

PART 03
문화·예술

구석기 최고 요리는 숯불 바비큐! **푸드 스타일리스트**

 가야 왕의 웨딩 스토리 **애니메이터**

황금의 나라, 신라 속으로! **큐레이터**

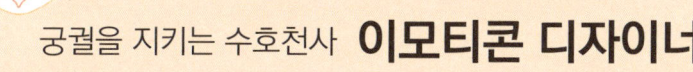

궁궐을 지키는 수호천사 **이모티콘 디자이너**

조선의 글씨 천재들 **캘리그래퍼**

 임금님은 요리사 **음식 메뉴 개발자**

구석기 최고 요리는 숯불 바비큐!
푸드 스타일리스트

　우리나라 구석기 시대는 약 70만 년 전 시작되었어요. 구석기 사람들은 돌을 떼어 만든 도구로 식물의 뿌리나 열매를 따 먹거나 물고기를 잡아먹었어요. 멧돼지 같은 짐승을 사냥하기도 했고요. 그러다 더 이상 먹을 것이 없으면 먹을거리를 찾아 무리 지어 이동했지요.

　그러던 어느 날, 산불이 나서 나무와 풀, 짐승들이 불에 탔어요. 질긴 날고기만 먹던 사람들은 우연히 불에 익은 고기를 먹게 되었지요. 익힌 고기를 먹으니 소화도 잘 되고, 기생충까지 없어져 몸이 건강해졌지요. 그 뒤, 구석기 사람들의 식생활은 크게 달라졌어요. 요리법도 아주 다양해졌답니다.

음식은 사람이 살아가는 데 가장 중요한 부분이에요. 불을 이용하면서부터 발달한 음식은 한 나라의 문화 상품으로 자리매김할 만큼 중요해졌고, 요리를 만드는 직업이 전문직으로 발전했어요. 음식을 좀 더 먹음직스럽게 꾸미기 위한 노력도 이어졌지요. 드라마나 광고, 요리책 등에 등장하는 맛깔스럽고 군침 도는 음식은 누가 만드는 것일까요? 시각과 미각을 사로잡는 직업, 푸드 스타일리스트에 대해 알아보아요.

푸드 스타일리스트는 어떤 직업일까요?

두툼한 햄버거를 한입에 넣는 장면, 김이 모락모락 나는 피자에서 모차렐라가 길게 늘어지는 장면 등은 보는 이의 입맛을 사로잡지요. 이처럼 소비자의 시각과 미각을 사로잡기 위해 영화, 드라마, 광고는 물론 잡지나 요리 책에 나오는 음식을 멋지게 꾸미는 직업이 있어요. 음식을 디자인하는 직업, 푸드 스타일리스트랍니다.

푸드 스타일리스트는 과일이나 채소의 싱싱함을 표현하기 위해 드라이아이스를 사용하고, 갓 지은 쌀밥에 윤기가 흐르도록 식용유를 발라 먹음직스럽게 연출하기도 하지요. 음식을 그릇에 담을 때도 어떻게 하면 요리의 특징이 살까 늘 고민해요. 요리 책과 잡지에 소개할 요리를 개발하기도 하는 등 음식과 연관된 여러 가지 일을 한답니다.

푸드 스타일리스트는 음식과 디자인을 융합한 새로운 직업이에요. 관광과 외식 산업, 파티 사업 등 활동 분야도 매우 다양해요.

 어떤 적성이 필요할까요?

미술을 좋아하고 음식에 관심이 많은 어린이에게 적합한 직업이에요. 그래서 미적 감각과 색채 감각이 필요하지요. 또한 일정이 정해진 광고나 드라마 촬영 속에서 그때그때 잘 대처해야 하므로 순발력이 있어야 해요. 오랜 시간 일해야 할 때가 많기 때문에 체력도 강해야 하고요.

 어떻게 준비할까요?

틈틈이 음식 관련 드라마나 책을 읽고, 음식에 대한 안목을 키우도록 하세요.

푸드 스타일리스트가 되는데 특별한 자격 제한은 없어요. 다만 한식, 양식 조리사, 꽃을 디자인하는 플로리스트 등 일을 하는데 필요한 관련 자격증을 미리 준비하면 푸드 스타일리스트 활동에 큰 도움이 될 거예요.

- 푸드 스타일리스트는 예술적 감각이 있으면서 음식 만들기를 좋아하는 어린이에게 적합한 직업이에요. **푸드 스타일리스트와 연관된 직업**을 찾아 동그라미 해 보세요.

> 푸드 컨버터, 요리사, 도시 계획가, 카피라이터, 소믈리에

정답 186쪽

- 다음 추천 직업은 미술과 실과를 좋아하는 어린이에게 적합해요. 그중 자신이 하고 싶은 흥미 직업을 찾아 **그 직업이 하는 일**을 써 보세요.

흥미 직업	하는 일
1 푸드 컨버터(슬로푸드 연구가)	외국의 슬로푸드를 우리나라 소비자의 입맛에 맞도록 바꾸는 일을 한다.
2	
3	

추천 직업 푸드 컨버터, 소믈리에, 쇼콜라티에, 영양사, 요리사, 음식 메뉴 개발자, 제과 제빵사, 조리사

캐릭터 빵 만들기

구석기 시대 때 불이 발견된 뒤, 그 이전보다 더욱 다양한 음식을 먹을 수 있게 되었어요. 오늘날에는 맛뿐만 아니라 시각을 통해 미각을 사로잡는 인기 직업, 푸드 스타일리스트가 여러 분야에서 활동하고 있어요. 여러분이 만약 푸드 스타일리스트라면 어떤 요리를 만들고 싶은가요? 이제부터 구석기 사람이 사냥했던 동물을 주인공으로 캐릭터 빵을 만들어 보세요.

준비물 식빵, 미니 빵, 김, 전지, 접시, 가위, 빵 칼, 마요네즈나 케첩, 위생 장갑, 도마

캐릭터 빵 완성!

캐릭터 빵 만드는 순서

1 식빵을 동그란 모양으로 잘라 얼굴을 만들어요.

2 미니 빵을 반으로 잘라 갈색 부분은 귀와 리본을, 노란색 부분은 주둥이를 만들어요.

3 김을 잘라 눈과 눈썹을 만들어요.

4 마요네즈나 케첩을 이용해 눈, 귀, 주둥이 등을 붙여요.

가야 왕의 웨딩 스토리
애니메이터

옛날 낙동강 서쪽의 김해 지역에는 나라를 다스리는 왕이 없었어요. 하루는 아홉 명의 촌장이 마을 사람들과 구지봉이라는 산봉우리에 모여 제사를 지내고 있었어요. 그때 하늘에서 신비로운 목소리가 들려 왔어요. 사람들은 그 목소리의 명령대로 노래를 부르며 춤을 추기 시작했어요. 그러자 하늘에서 황금 상자가 내려왔는데, 그 안에 황금 알 여섯 개가 들어 있었어요.

얼마 뒤, 알에서 여섯 명의 사내 아기가 태어났어요. 아이들은 자라서 여섯 가야의 왕이 되었지요. 그중 제일 먼저 태어난 아이가 금관 가야의 왕이 된 '김수로'예요. 수로왕은 나라를 잘 다스렸어요. 어느 날 인도의 공주 허황옥이 붉은 돛단배를 타고 찾아왔어요. 수로왕은 크게 기뻐하며 그녀를 하늘이 보내 줬다며 왕비로 맞이했지요.

수로왕과 허황옥은 우리 역사에 기록된 최초의 국제 커플이에요. 알에서 태어난 수로왕과 인도에서 온 공주의 만남은 정말 특별하지요. 이처럼 재미있는 스토리의 주인공을 캐릭터로 만들어 흥미진진한 애니메이션으로 만드는 사람을 애니메이터라고 해요. 움직이는 영상을 만들어 애니메이션에 생명을 불어넣는 애니메이터의 세계로 떠나 볼까요?

애니메이터는 어떤 직업일까요?

《미녀와 야수》,《겨울 왕국》,《토이 스토리》,《코코》 등 우리를 상상의 세계로 안내하는 애니메이션을 만드는 직업이 바로 애니메이터예요.

애니메이터는 애니메이션 작품을 기획, 제작, 편집하며 디자인, 촬영, 연출하는 모든 분야에서 일해요. 그중에서도 애니메이션 동작을 그리는 사람을 딱 꼬집어 가리키기도 해요. 예전에는 애니메이터가 정지 동작을 일일이 그리고 촬영해서 애니메이션을 만들었지만, 최근에는 대부분 컴퓨터로 만들지요.

애니메이션은 다양한 분야에 활용되고 있어요. 우리가 즐겨 보는 영화부터 광고, 방송, 게임까지 폭넓게 이용돼요. 이 매체들은 앞으로 우리 생활에 영향을 많이 미칠 거예요. 애니메이터의 활약이 더욱 기대되는 이유랍니다.

 어떤 적성이 필요할까요?

애니메이터는 풍부한 상상력, 창의력, 실력 있는 그림 솜씨가 필요해요. 여기에 이야기를 쓸 수 있는 문장력까지 있으면 미래의 애니메이터가 되기에 충분하지요. 하지만 오랫동안 컴퓨터 작업을 하다 보면 육체적으로 지칠 때가 많아요. 그래서 열정과 끈기가 필요해요.

 어떻게 준비할까요?

애니메이터가 되기 위해 중요한 과목은 미술과 국어예요. 좋은 애니메이션을 만들기 위해서는 미적 감각과 개성 있는 캐릭터, 스토리를 만드는 능력이 필수이기 때문이지요. 독서를 통해 이야기를 만드는 기획력을 키우고 캐릭터를 그리면서 자신의 꿈을 준비하도록 하세요.

● 그림 그리기를 즐기는 어린이에게 적합한 직업이에요. **애니메이터와 연관된 직업**을 찾아 동그라미 해 보세요.

> 캐릭터 디자이너, 변호사, 모션 그래픽 디자이너, 교사, 원화 작화 감독

정답 186쪽

● 다음 추천 직업은 미술과 국어를 좋아하는 어린이에게 적합해요. 그중 자신이 하고 싶은 흥미 직업을 찾아 **그 직업이 하는 일**을 써 보세요.

흥미 직업	하는 일
1 원화 작화 감독	애니메이션 연출가와 함께 원화원이 그린 그림을 취합하여 검사하고, 부족한 부분을 수정하고 보완한다.
2	
3	

추천 직업 원화 작화 감독, 만화 컬러 작가, 아바타 디자이너, 웹툰 작가, 일러스트레이터, 캐리커처 디자이너, 캐릭터 디자이너

가야 이야기 만들기

수로왕이 다스리던 가야는 질 좋은 철을 생산하며 중국과 일본 등 주변 나라가 모이는 무역 중심지로 성장했어요. 그런데 안타깝게도 신라에 의해 멸망했고 역사 속으로 사라졌지요. 가야의 역사를 기억하며 가야의 다양한 인물이 등장하는 애니메이션 콘티*를 완성해 보세요.

*콘티: 애니메이션의 설계도예요. 애니메이션을 만들 때 가장 중요한 작업이지요. 보통 왼쪽 면에는 그림, 오른쪽 면에는 해당 그림을 설명하는 방식으로, 장면별로 시간을 기록하면서 작업합니다.

● 체험 예시

애니메이션 콘티

컷	영상	내용	대사	소리	시간
1		족장들이 하늘에서 나는 소리를 듣고 궁금해하는 동작	하늘: 나는 하느님의 명을 받아 왕이 될 것이다. 노래를 부르며 나를 맞이하라.	웅장한 소리	약 0.3
2		족장들이 노래하며 춤추는 동작	족장들: 거북아, 거북아! 머리를 내놓아라. 내놓지 않으면 구워 먹으리!	노랫소리	약 0.3
3		족장들 모두가 하늘을 올려다보며 하늘에서 내려오는 상자를 받기 위해 준비하는 동작	족장들: 오잉?	'스르륵 스르륵'	약 0.3

애니메이션 콘티

컷	영상	내용	대사	소리	시간

황금의 나라, 신라 속으로!
큐레이터

　신라의 수도 경주에는 미추왕릉을 비롯해 천마총, 금관총, 황남대총과 같은 왕릉과 왕족 무덤이 모여 있어요. 무덤 안에는 황금으로 만든 금관과 귀고리, 목걸이, 허리띠, 무기 등 다양한 장신구들이 들어 있었어요. 특히 천마총 안에는 하늘을 힘차게 날아가는 말을 그린 '천마도'가 있었어요. 지금까지 유일하게 남아 있는 신라의 그림이지요.

　신라의 황금 유물 중 가장 인기 있는 것은 무엇일까요? 바로 화려한 장식과 함께 번쩍번쩍 빛나는 금관이에요. 신라 금관은 모두 여섯 개로 국립 중앙 박물관과 국립 경주 박물관에 전시되어 있어요. 신라에 왔던 외국인들이 '신라는 황금이 너무 흔하여 개들도 금 목걸이를 하고 다닌다.'라고 기록했을 정도로, 신라에는 금이 많았어요.

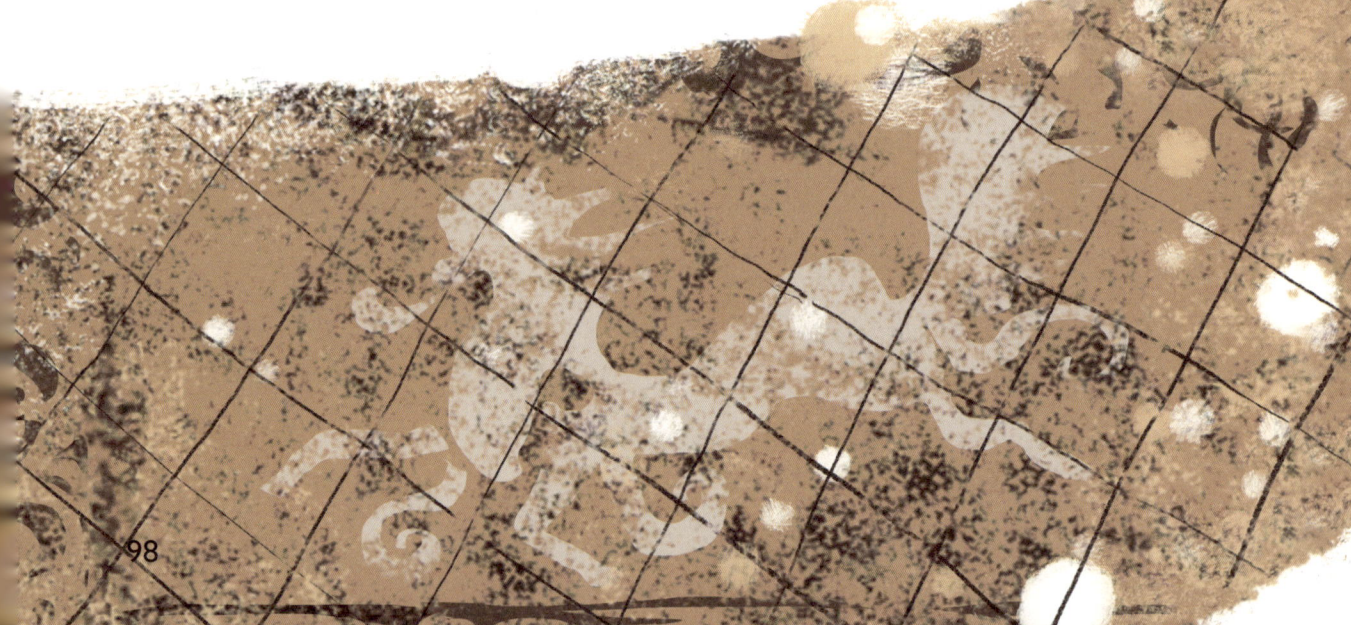

경주에 가면 신라의 숨결과 문화를 고스란히 느낄 수 있어요. 불국사와 석굴암, 첨성대 같은 유적과 번쩍번쩍 빛나는 황금 유물도 볼 수 있지요. 이처럼 아름다운 문화유산이나 유물을 전시하고, 관람객이 편안하게 관람할 수 있도록 도와주는 직업이 있어요. 바로 전시 기획 전문가 큐레이터예요. '전시회의 꽃'으로 불리는 매력적인 직업, 큐레이터에 대해 알아볼까요?

큐레이터는 어떤 직업일까요?

큐레이터는 박물관이나 미술관 등에서 하는 전시를 전체적으로 기획하고 진행하는 사람이에요. 전시되는 작품을 모아 배치하고 관람객들의 관람 순서도 정하지요.

큐레이터는 크게 박물관 큐레이터와 미술관 큐레이터로 나뉘어요. 박물관 큐레이터는 박물관에서 보관하고 있는 여러 가지 실물과 표본, 사료, 문헌 등을 모아서 전시회를 준비해요. 미술관 큐레이터는 작품을 선정한 뒤에 미술관 공간과 작품 수량, 전시 주제를 생각하며 작품을 모으고 전시 기획을 결정하지요. 큐레이터는 박물관이나 미술관에서 보관하고 있는 것을 연구하고 보존, 관리하는 일도 해요. 그래서 학예사나 학예 연구원이라고 부르기도 해요.

생생한 공부를 위해 박물관이나 미술관에서 실물을 직접 보는 것만큼 좋은 방법은 없어요. 최근 여가 시간을 유익하게 보내고자 하는 사람이 많아지고 있어서 큐레이터가 일할 기회는 점점 많아질 전망이에요.

 어떤 적성이 필요할까요?

큐레이터는 예술, 인문, 경영 등 다양한 분야를 아우르는 융합 직업이에요. 관찰력과 창의력은 물론 최근 문화의 흐름을 아는 것도 중요하지요. 모든 결정을 직접 해야 하기 때문에 스트레스가 많지만, 소중한 유물과 작품을 다루는 만큼 꼼꼼함과 여유로움이 필요하지요.

 어떻게 준비할까요?

국어와 역사, 미술 공부를 열심히 하세요. 평소 역사와 문화, 예술 분야에 관심을 가지고 관련 도서를 보면서 전문적인 지식을 쌓으면 좋아요. 또한 역사, 문화 관련 동아리 활동을 하면서 많이 보고, 느끼고, 관찰하는 습관을 기르세요. 외국인을 만날 일이 많으니 외국어 공부도 꾸준히 해요.

⭐ 박물관 큐레이터는 많은 사람들과 함께 일을 하지요. 박물관에서 역사와 미술, 민속, 과학 등 다양한 정보를 제공하는 사람들에 대해 알아볼까요?

- **관장** 박물관의 모든 일을 총감독해요.
- **보존 과학 담당자** 과학적인 방법으로 유물을 조사하고 훼손된 유물을 복원, 보수하는 일을 해요.
- **유물 관리 담당자** 유물과 관련된 전체적인 일을 담당해요.
- **교육 담당자** 관람객의 이해를 돕기 위해 교육 프로그램을 개발하고, 운영하며 관람객을 분석해요.
- **전시 담당자** 소장품을 연구하여 전시회를 기획하고 도록을 제작해요.
- **큐레이터** 박물관이나 미술관에서 전시회를 기획하고 작품을 수집·연구·관리해요.
- **도슨트** 전시회를 찾은 관람객들에게 전시 내용을 설명해요.
- **갤러리스트** 상업 화랑(갤러리)의 작품 진열과 운영 업무를 담당하지만, 영리를 추구한다는 점에서 미술관·박물관 큐레이터와 달라요.

신라 유물전

작품 전시를 기획하고 관리하는 큐레이터의 활동 영역은 갈수록 넓어지고 있어요. 문화 수준이 높아지고 이색 박물관이 늘어나며 점점 더 전문화되기 때문이지요. 유물을 전시하는 큐레이터가 되어 우수한 문화를 꽃피운 신라의 유물을 소개해 보세요.

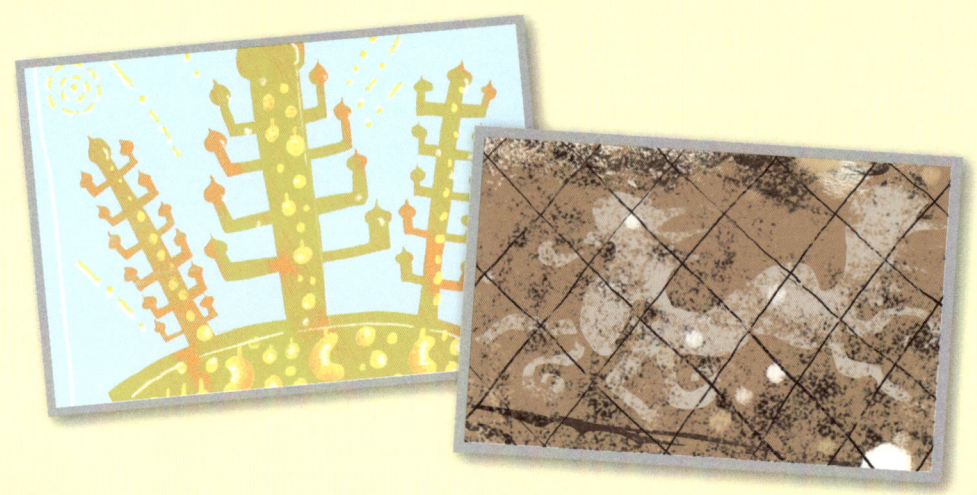

이색 직업: 동물원 큐레이터

좁은 우리 안에서 꾸벅꾸벅 조는 곰, 구석에서 꼼짝하지 않는 사자, 수족관에서 커다란 눈동자만 껌벅거리는 악어의 모습은 더 이상 동물원에서 볼 수 없어요. 최근 동물원에 사는 동물들에게 자연과 비슷한 환경을 만들어 주고 있기 때문이에요. 예를 들어, 사자는 사육사가 던져 주는 먹이 대신 직접 살아 움직이는 먹이를 사냥하고, 고릴라는 자신들의 집을 짓기 위해 재료를 찾아다니지요.

동물원 큐레이터는 동물들의 습성에 맞는 환경을 만들어 주고, 계절과 주제에 맞게 전시 기획을 하는 등 많은 일을 해요. 그중 가장 중요한 것은 동물들이 자연에서 생활하는 것처럼 먹이를 잡거나 적을 피해 도망칠 수 있도록 가상 환경을 만들어 주는 일이랍니다. 그러므로 동물원 큐레이터는 동물의 습성과 특징을 잘 파악하고 동물과 잘 소통해야 하며, 다양한 프로그램과 전시를 기획할 수 있어야 하지요.

신라 유물전

큐레이터 이름 :

신라 유물 — **어떻게 소개할까?**

유물명 : 석가탑

통일신라 때 만든 석탑이다. 불국사 삼층석탑이라고도 한다.
석가탑 안에서 《무구정광대다라니경》이 발견되었는데,
이는 세계에서 가장 오래된 목판 인쇄물이다.

유물명 : 신라 금관

유물명 : 첨성대

궁궐을 지키는 수호천사
이모티콘 디자이너

경복궁에는 조선의 역사가 고스란히 담겨 있어요. 그곳에는 조선의 왕을 상징하는 유물과 다양한 수호천사들이 많이 있지요. 경복궁의 정문인 광화문 앞에는 선과 악을 구별하는 정의의 동물 '해치'가 궁궐 문을 지키고 있어요. 상상의 동물인 해치는 지금 서울의 마스코트이기도 해요.

경복궁에는 나라의 중요한 행사를 치르던 근정전이 있어요. 근정전이 세워진 월대에는 동서남북을 지키는 사신과 십이지신 동물상이 있지요. 또 궁궐의 지붕 끝에는 여러 가지 신상들이 앉아 있는데, 나쁜 기운을 물리치기 위한 것이에요. 《서유기》에 등장하는 삼장법사와 손오공, 저팔계, 사오정 등이 그 주인공이지요.

그 외에도 악한 기운을 쫓는 귀면상*과 장수를 상징하는 학, 복을 주는 박쥐 등이 궁궐 굴뚝에 장식되어 궁궐을 굳건히 지키고 있어요.

그들은 경복궁을 지키는 수호천사로 맹활약 중이에요. 경복궁의 수호천사들처럼 오늘날에도 사람들에게 즐거움을 주는 인기 만점 이모티콘이 있어요. 이모티콘을 만드는 사람을 이모티콘 디자이너라고 해요. 창의적인 아이디어와 톡톡 튀는 감각으로 활동하는 이모티콘 디자이너에 대해 알아보아요.

* **귀면상** : 귀신의 얼굴을 새긴 장식이에요.

이모티콘 디자이너는 어떤 직업일까요?

이모티콘은 '감정'을 뜻하는 'emotion(이모션)'과 '기호'를 뜻하는 'icon(아이콘)'이 합쳐진 말이에요. 우리말로는 '그림말'이라고 하지요.

1980년대 미국에서 등장한 컴퓨터 통신은 속도가 매우 느렸어요. 사진이나 그림을 보내는 것도 불가능했어요. 그래서 사람들은 컴퓨터 자판 기호와 문자를 조합해 재미있는 사람의 표정을 만들어 보내기 시작했어요. 이것이 이모티콘의 시작이에요.

사람들은 스마트폰으로 문자를 주고받을 때, 자신의 생각이나 감정을 이모티콘으로 표현해요. 열 마디 말보다 이모티콘 하나가 감정을 잘 표현해 주기 때문이에요. 이모티콘 사용자가 크게 늘면서 다양하고 재미있는 이모티콘이 더 많이 필요해졌어요. 마침내 새로운 직업이 탄생했지요. 바로 이모티콘 개발 전문가, 이모티콘 디자이너예요. 이모티콘 디자이너는 좀 더 기발하고 독특하면서도 감정을 잘 표현할 수 있는 이모티콘을 만들고 있어요.

 어떤 적성이 필요할까요?

인물 또는 동물 등의 특징을 캐릭터로 창조하는 이모티콘 디자이너는 기본적으로 그림을 잘 그리고 색감과 캐릭터 등에 대한 안목이 있어야 해요. 그리고 사람의 감정을 잘 이해하고 표현하는 능력이 있어야 하지요. 새로운 이모티콘을 만들 수 있는 창의력과 상상력도 중요해요.

 어떻게 준비할까요?

디자인 분야는 학력이나 자격증보다 관심과 능력이 더 중요해요. 그러므로 평소 인물이나 동물, 사물 등을 관찰한 후, 캐릭터의 특징을 살린 그림을 많이 그려 보세요. 자신의 감정이나 사건을 그림일기로 매일 그려 보는 것도 이모티콘 디자이너가 되기 위한 좋은 방법이에요.

⭐ 이모티콘 디자이너는 미술, 특히 캐릭터를 잘 그리고 상상력이 기발한 어린이에게 적합한 직업이에요. **이모티콘 디자이너와 연관된 직업**을 찾아 동그라미 해 보세요.

> 시각 디자이너, 네이미스트, 쇼핑 호스트, 픽토그래퍼, 캐릭터 디자이너

정답 186쪽

❇️ 다음 추천 직업은 미술을 좋아하는 어린이에게 적합해요. 그중 자신이 하고 싶은 흥미 직업을 찾아 **그 직업이 하는 일**을 써 보세요.

흥미 직업	하는 일
1 픽토그래퍼	인종, 국경, 시대, 트렌드를 초월하여 이해할 수 있는 픽토그램*을 디자인한다. * 픽토그램: 사물, 시설, 개념 등을 쉽게 알아볼 수 있도록 나타낸 그림 문자이다.
2	
3	

추천 직업 픽토그래퍼, 그래픽 디자이너, 북 디자이너, 시각 디자이너, 일러스트레이터, 캐리커처 디자이너, 캐릭터 디자이너,

나를 닮은 이모티콘

이모티콘은 주로 휴대 전화 메신저에서 많이 쓰여요. 사람들에게 사랑을 받는 이모티콘은 문구, 완구 등 다양한 상품에 활용되고 있어요. 전 국민의 인기 스타가 된 라이언의 탄생 배경을 알아보고, 여러분도 자신을 닮은 이모티콘 캐릭터를 디자인해 보세요. 캐릭터의 흥미, 성격, 능력도 만들어 보세요.

● 체험 예시

라이언을 그려 보세요.

- 캐릭터 이름 : **라이언**
- 태어난 곳 : 아프리카 둥둥섬 (왕위 계승자였음)
- 관심 분야 : 자유로운 세상
- 성 격 : 무뚝뚝한 표정에 말이 없지만 여린 감성을 가진 매력남
- 능 력 : 사람들의 마음을 사로잡는 귀여움
- 약 점 : 수사자이지만 갈기가 없어 곰돌이로 착각하기 쉬움
- 특기 사항 : 꼬리가 짧음(꼬리가 길면 밟힐 우려가 있어 수술함)

＊ 카카오 프렌즈의 라이언 캐릭터 스토리에서 참고한 내용이에요.

나를 닮은 이모티콘 그리기

이모티콘 소개하기

⭐ 캐릭터 이름 ------------------------------------

⭐ 태어난 곳 ------------------------------------

⭐ 관심 분야 ------------------------------------

⭐ 성 격 ------------------------------------

⭐ 능 력 ------------------------------------

⭐ 약 점 ------------------------------------

⭐ 특기 사항 ------------------------------------

109

조선의 글씨 천재들
캘리그래퍼

조선의 대표적인 글씨 천재는 누구일까요? 한호와 김정희예요.

한호는 컴컴한 어둠 속에서 떡장수 어머니와 시합을 펼쳤던 주인공으로 유명하지요. 임금의 신뢰를 한 몸에 받았던 한호는 나라의 중요한 외교 문서를 도맡아 쓸 만큼 글씨 실력이 뛰어났어요. 당시 한호를 만난 명나라 사신들은 그의 글을 받기 위해 줄을 섰다고 해요.

또 다른 글씨 천재는 추사 김정희예요. 김정희는 평생 벼루 열 개를 다 쓰고, 천 자루의 붓을 몽당 자루로 만들 정도로 연습하는 노력파였어요. 김정희는 벼슬을 지내다 모함을 받아 제주도로 귀양을 떠났어요. 그는 귀양을 사는 9년 동안 '추사체'라는 독특한 글씨체를 완성했어요.

어둠 속에서 글씨를 연습한 한호와 붓 천 자루를 몽당 자루로 만들며 연습한 추사 김정희! 두 사람은 피나는 노력으로 아름다운 글씨를 완성한 사람들이에요. 오늘날 손 글씨를 활용하여 아름답고 멋진 글씨를 창조하는 직업이 있어요. 바로 캘리그래피(손으로 그린 그림 문자)를 쓰는 캘리그래퍼예요. 아름다운 글씨를 쓰고 만들어 내는 직업, 캘리그래퍼에 대해 알아보아요.

캘리그래퍼는 어떤 직업일까요?

세상에는 네모반듯한 글씨, 뾰족한 글씨, 동글동글 귀여운 글씨, 길쭉한 글씨 등 다양한 글씨가 있어요. 글씨에는 쓴 사람의 성격과 생각, 개성까지 담겨 있어 글씨를 보면 그 사람을 알 수 있대요. 그래서 글씨를 '마음의 거울'이라고도 한답니다.

자, 주변을 한번 살펴보세요. 사람의 손길을 느낄 수 있는 따뜻하고 정감 있는 손 글씨가 많이 보이죠? 글씨를 그리듯 표현하는 사람이 바로 캘리그래퍼랍니다.

캘리그래퍼는 다양한 도구를 사용하여 세상에 단 하나뿐인 특별한 글자를 만들어요. 이런 글자를 캘리그래피(calligraphy)라고 하는데, '손으로 그린 그림 문자'라는 뜻이에요. 캘리그래퍼는 글씨에 담긴 의미를 생각하며 글씨를 써요. 최근 캘리그래피에 대한 관심이 높아져서, 취미로 배우는 사람이 늘고 있어요. 또한 광고, 편집, 포장 디자인 등 다양한 분야에서 쓰이므로 캘리그래퍼의 활동 분야는 더욱 넓어질 거예요.

 ### 어떤 적성이 필요할까요?

미술과 서예를 좋아하고 디자인 감각이 뛰어난 어린이에게 적합한 직업이에요. 붓을 사용하는 능력이 필요할 뿐 아니라, 글씨를 하나의 이미지로 잘 파악해야 좋은 작품을 완성할 수 있으니까요. 그러므로 글씨를 쓰는 기교와 디자인 감각을 동시에 갖추고 있어야 해요.

 ### 어떻게 준비할까요?

공책에 직접 일기를 쓴다든지 수업 시간에 필기를 열심히 하세요. 그리고 여러 재질의 종이에 다양한 도구로 손 글씨 쓰는 습관을 기르도록 하세요. 서예나 동양화를 전공한 사람에게 유리한 만큼 여러 가지 그림을 많이 보고 그려 보면 도움이 될 거예요.

⭐ 캘리그래퍼는 감각적이고 꼼꼼한 어린이에게 적합한 직업이에요. 캘리그래퍼처럼 **글자를 창조하는 직업**을 찾아 동그라미 해 보세요.

> 서예가, 기상 캐스터, 타이포그래퍼(서체 디자이너), 스피치 강사,
> 폰트 디자이너(글꼴 디자이너)

정답 186쪽

🍀 캘리그래퍼는 미술과 서예를 좋아하는 어린이에게 적합한 직업이에요. **캘리그래피와 서예를 비교해 보고, 공통점과 차이점**을 써 보세요.

캘리그래피	뜻/목적/도구	서 예
문자를 아름답게 표현하는 기술	뜻	붓으로 글씨를 쓰는 예술
글씨를 보는 사람들에게 감동을 전할 수 있도록 표현	목적	글씨를 쓰는 서예가의 감정과 마음을 표현 (정신 수양)
다양한 재료와 도구로 표현	도구	종이 위에 먹과 붓으로 표현

공통점

차이점

나를 응원하는 캘리그래피

어둠 속에서 글씨를 쓰는 아들과 떡을 써는 어머니의 모습을 상상해 보세요. 글씨라면 자신 있었던 한호가 불을 켠 순간, 삐뚤빼뚤한 글씨를 보고 무슨 생각을 했을까요? 그날 이후, 피나는 연습으로 조선 최고의 명필가 꿈을 이룬 한호를 생각하며, 나의 꿈을 응원하는 메시지를 멋진 캘리그래피로 완성해 보세요.

● 체험 예시

나를 응원하는 캘리그래피

임금님은 요리사
음식 메뉴 개발자

　조선 후기 영조는 신하들이 서로 편을 갈라 싸우자 탕평책을 실시했어요. 탕평책이란 공평하고 균형 있게 인재를 뽑는다는 뜻이에요. 숙종 때 처음 실시된 탕평책은 별 효과를 거두지 못했지만, 영조는 달랐어요.

　어느 날, 영조는 신하들에게 다양한 색이 어우러진 새로운 음식을 내놓았어요. 그 음식이 탕평채예요. 서로 다른 재료가 어우러져 좋은 맛을 내듯, 신하들도 편을 갈라 싸우지 말고 잘 어울리라는 뜻이었지요. 그러면서 능력 있는 인재들을 공평하게 뽑아 나랏일을 하겠다는 의지를 멋지게 보여 준 거예요.

　그뿐만이 아니었어요. 영조는 탕평책을 알리는 글귀를 탕평비에 직접 쓴 뒤, 미래의 신하들이 볼 수 있도록 성균관* 앞에 세웠답니다(1742년).

탕평채는 하얀 청포묵에 붉은 소고기, 푸른 미나리, 검은 김, 노란 계란이 어우러진 음식이에요. 영조는 탕평책을 펼치겠다는 자신의 강한 의지를 널리 알리기 위해 탕평채를 개발했지요. 오늘날 맛은 물론 사람들의 건강까지 고려하여 새로운 메뉴를 개발하는 직업이 있어요. 바로 음식 메뉴 개발자예요. 영양과 맛 어느 하나 놓치지 않으려 노력하는 직업에 대해 알아보아요.

* **성균관** : 조선 시대에 학문을 가르치던 곳이에요.

음식 메뉴 개발자는 어떤 직업일까요?

요즘에는 서양식 치즈를 얹은 비빔밥, 떠먹는 피자 찌개 등 새로운 메뉴들이 등장해 인기를 끌고 있어요. 이렇게 새로운 메뉴를 개발하는 전문 직업이 있어요. 바로 음식 메뉴 개발자예요.

최고의 맛과 새로운 맛을 창조하는 음식 메뉴 개발자가 되려면 요리 경험이 있어야 해요. 하지만 음식 메뉴 개발자는 음식을 맛있게 만드는 요리사와는 달리, 시대 흐름을 파악하고 트렌드에 맞는 메뉴를 개발하여 맛있게 만드는 능력이 더 중요하지요.

예를 들어 '맛과 영양을 살린 건강식'이나 '1인 가구를 위한 음식'처럼 시대 흐름을 잘 읽어 사람들의 호기심과 관심을 끌어야 해요.

음식 메뉴 개발자는 먼저 사람들이 즐겨 먹는 음식과 필요로 하는 음식을 찾아내 분석한 후, 새로운 메뉴를 개발한답니다.

또한 음식 메뉴 개발자는 다양한 분야에서 활동해요. 호텔, 레스토랑, 식품 회사 등에서 일하기도 하고, 식당을 직접 운영하기도 해요.

 어떤 적성이 필요할까요?

기본적으로 요리를 잘하고 요리에 대한 지식이 뛰어나야 해요. 사람들의 건강을 생각하는 마음과 음식을 분석하고 파악하는 창의적인 마인드도 가져야 하지요.

 어떻게 준비할까요?

장래 꿈이 음식 메뉴 개발자라면 평소 다양한 음식을 먹어 보세요. 주변 사람들이 좋아하는 음식을 만드는 능력과 습관도 키워야 하지요. 과학과 실과 과목 공부도 열심히 해야 한답니다.

● 음식 메뉴 개발자는 음식에 관심이 많고, 창의적인 어린이에게 적합한 직업이에요. 음식 메뉴 개발자와 연관된 직업을 찾아 동그라미 해 보세요.

> 요리사, 반도체 공학자, 조리사, 영양사, 소방 공무원, 제과 제빵사

정답 186쪽

● 다음 추천 직업은 과학과 실과를 좋아하는 어린이에게 적합해요. 그중 자신이 하고 싶은 흥미 직업을 찾아 그 직업이 하는 일을 써 보세요.

흥미 직업	하는 일
1 브루마스터	맥주의 재료를 감별하고, 효모를 넣어 발효시키는 등 맥주의 전반적인 공정과 품질을 관리한다.
2	
3	

추천 직업 브루마스터, 소믈리에, 쇼콜라티에, 영양사, 요리사, 제과 제빵사

조상님은 음식 메뉴 개발자?

영조는 탕평책을 설명하기 위해 여러 재료가 잘 섞여 맛과 영양이 뛰어난 탕평채를 개발했어요. 오늘날 우리가 즐겨 먹는 향토 음식은 그 지역의 환경에 영향을 받아 개발된 메뉴들이에요. 다음 음식과 지역을 서로 연결한 후, 음식이 개발된 이유를 적어 보세요.

음식이 개발된 이유

⭐ 설렁탕

⭐ 비빔밥

조선의 역사 – 궁궐, 세종대왕 – 훈민정음, 유교문화 – 양반문화, 사육신– 비빔밥, 관리들

PART 04

패션 · 뷰티

강가에서 펼친 신석기 패션쇼 **패션 디자이너**

 무용도 주인공은 고구려 스타일 **스타일리스트**

선덕 여왕의 명품 코 **조향사**

 화장하는 꽃미남, 화랑 **메이크업 아티스트**

목화꽃이 피었습니다! **텍스타일 디자이너**

 알록달록 색동 오방색 **컬러리스트**

강가에서 펼친 신석기 패션쇼
패션 디자이너

　인간이 살아가는 데 꼭 필요한 것은 옷, 음식, 집이에요. 음식과 집은 다른 동물도 스스로 구하고 만들 수 있지만, 몸을 보호하기 위해 옷을 입는 동물은 오직 인간뿐이지요.

　오랜 옛날 한반도에서 알몸으로 생활하던 구석기 사람들은 추위를 막고 사냥하다가 다치지 않도록 나뭇잎이나 짐승 가죽을 몸에 둘렀어요.

　신석기 시대가 되자, 한층 지혜로워진 사람들이 식물에서 삼실* 뽑는 기술을 알아냈어요. 삼나무에서 얻은 삼실로 바느질하여 삼베옷을 만들었어요. 단순히 걸치기만 하던 옷에서 몸에 맞는 옷을 입게 된 사람들은 점점 더 멋쟁이가 되었어요. 조개껍데기로 만든 팔찌와 목걸이를 걸고, 동물의 송곳니로 만든 발찌로 한껏 멋을 냈지요.

옷은 바늘과 실이 만들어 낸 최고의 발명품이에요. 사람들은 처음에 몸을 보호하기 위해 옷을 입었어요. 그러나 시간이 지나면서 옷은 개인의 멋은 물론, 한 나라의 문화와 예술을 표현하는 상징이 되었어요. 이런 패션 문화를 만들고 이끌어 가는 사람이 바로 패션 디자이너예요. 자, 패션의 흐름을 분석하여 아름답고 개성 있는 옷을 만드는 직업, 패션 디자이너에 대해 알아볼까요?

* **삼실** : 삼 껍질에서 뽑아 낸 실.

패션 디자이너는 어떤 직업일까요?

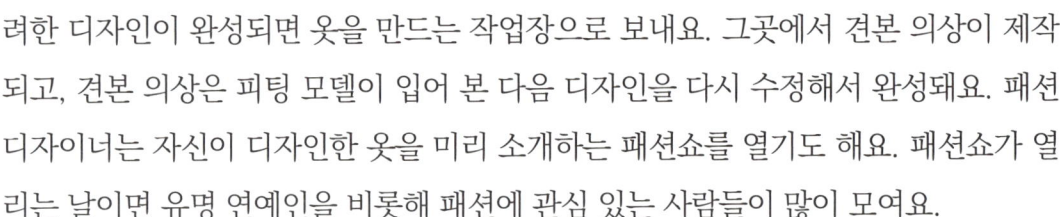

아름답고 개성 있는 옷을 만드는 패션 디자이너는 1년 365일 옷만 생각하는 사람들이에요. 한 벌의 옷이 완성되려면 여러 사람의 손을 거쳐야 하는데, 그 모든 과정에 참여하고 관리하지요.

패션 디자이너는 직물, 가죽, 비닐 등 다양한 소재를 활용하여 옷을 디자인해요. 사람들이 좋아하는 패션을 분석한 뒤 시장 조사를 하고, 그 정보를 바탕으로 계절에 맞는 상품을 미리 기획하지요. 소비자의 성별, 연령, 체형 등을 고려한 디자인이 완성되면 옷을 만드는 작업장으로 보내요. 그곳에서 견본 의상이 제작되고, 견본 의상은 피팅 모델이 입어 본 다음 디자인을 다시 수정해서 완성돼요. 패션 디자이너는 자신이 디자인한 옷을 미리 소개하는 패션쇼를 열기도 해요. 패션쇼가 열리는 날이면 유명 연예인을 비롯해 패션에 관심 있는 사람들이 많이 모여요.

어떤 적성이 필요할까요?

패션 디자이너는 색채, 조형 감각과 창의성이 있어야 해요. 하지만 좋은 디자인은 의복에 대한 관심과 지식뿐 아니라 무엇보다 소비자로부터 나와요. 소비자가 좋아해야 하지요. 그러므로 늘 소비자 입장에서 생각하고 배려하는 마음을 가져야 한답니다.

어떻게 준비할까요?

패션에 대한 남다른 감각을 키우려면 미술 전시회나 컬렉션(패션쇼), 패션 잡지를 꾸준히 보도록 하세요. 최근에는 문화 예술 분야에 관심이 높아지며, 패션 산업 역시 세계화되고 있어요. 그러므로 외국어 실력을 길러 경쟁력을 갖추는 것도 큰 도움이 되지요.

연관 직업 탐색 활동

● 패션 디자이너는 패션에 관심이 많은 어린이에게 적합한 직업이에요. **패션 디자이너와 연관된 직업**을 찾아 동그라미 해 보세요.

> 가방 디자이너, 한국어 강사, 신발 디자이너, 보석 디자이너, 사육사

정답 186쪽

● 다음 추천 직업은 미술과 실과를 좋아하는 어린이에게 적합해요. 그중 가장 하고 싶은 흥미 직업을 찾아 **그 직업이 하는 일**을 써 보세요.

흥미 직업	하는 일
1 에코 패션 디자이너	옷, 가방, 액세서리, 신발 등의 기획 단계부터 생태계와 환경을 생각하여 디자인한다. 대부분 수작업으로 하기 때문에 대량으로 생산하지 못한다.
2	
3	

추천 직업 에코 패션 디자이너, 가방 디자이너, 보석 디자이너, 신발 디자이너, 액세서리 디자이너, 패션 MD, 패션 기획자, 패션모델

나는야, 아동복 디자이너

패션에는 그 시대를 대표하는 가치관과 개성이 담겨 있어요. 가락바퀴와 뼈바늘을 이용해 옷을 만든 신석기 사람들을 생각하며 나만의 아동복을 디자인해 보세요. 디자인을 완성한 뒤, 견본 의상으로 만들기 위해 작업 지시서*도 작성해 보세요.

*작업 지시서: 패션 디자이너가 디자인한 옷을 제작하기 위해 쓰는 문서예요. 디자이너 이름, 옷의 소재, 장식 재료, 사이즈 등을 자세히 써요.

● 체험 예시

나만의 작업 지시서 만들기

작업 번호	디자이너	날짜	수량	사이즈	비고

1 옷의 소재와 장식 재료를 이용하여 디자인한다.

2 옷의 소재(원단)와 장식 재료(단추, 지퍼, 레이스, 구슬 등)를 정확히 표시할 것!

천 A	천 B	재료 A	재료 B	수정 사항

무용도 주인공은 고구려 스타일
스타일리스트

　고구려는 압록강 부근 졸본에 세워졌어요(기원전 37년). 주변에 산이 많았던 졸본은 농사짓기에는 어려웠지만, 적을 막기에는 유리했어요. 고구려는 기름진 땅을 얻기 위해 수도를 압록강가로 옮기고 전쟁을 통해 영토를 넓혀 갔어요. 광개토 대왕 때, 마침내 만주 벌판을 차지하여 최고의 전성기를 맞았고, 동아시아 최강국으로 발전했어요.

　대륙을 주름잡았던 고구려의 용맹스러운 모습은 고분 벽화를 통해 알 수 있어요. 고구려에서는 사람이 죽으면 영원히 살 것이라 믿고 장례를 치렀어요. 그래서 무덤을 방처럼 꾸미고, 무덤 주인이 살던 모습을 벽화로 생생하게 그려 넣었어요. 이런 그림을 고분 벽화라고 하는데, 고구려 옛 도읍지(중국 지안)의 무용총과 삼실총, 각저총 등에 많은 고분 벽화가 남아 있어요. 특히 《무용도》가 그려진 무용총에는 당시 사람들의 모습이 담겨 있어 그때 유행했던 의상과 헤어스타일 등을 엿볼 수 있답니다.

《무용도》에는 멋진 옷을 입고 춤을 추는 사람들이 등장해요. 긴 소맷자락이 돋보이는 물방울무늬 의상에, 새 깃털로 장식한 모자(조우관)까지 패션에 신경을 좀 쓴 것 같지요? 오늘날 뛰어난 감각으로 새로운 스타일을 창조하는 직업이 있어요. 최신 패션의 흐름을 분석하여 멋진 스타일을 창조하는 스타일리스트에 대해 알아보아요.

스타일리스트는 어떤 직업일까요?

인기 스타가 공항에 나타나면 인터넷에 실시간으로 스타의 공항 패션 사진이 올라와요. 사람들은 스타가 입은 의상과 가방, 구두, 소품 등에 관심이 많거든요. 이렇게 머리부터 발끝까지 스타일을 연출하여 멋진 패션 리더로 만들어 주는 직업이 있어요. 바로 스타일리스트예요.

스타일리스트는 방송 스타나 일반인이 방송이나 잡지 등에 나올 때 스타일을 꾸며 줘요. 우선 출연 목적에 맞는 콘셉트를 정하고, 옷과 소품 등을 준비하여 스타일을 연출하지요. 옷과 소품은 협찬을 받거나 스타일리스트가 직접 만들기도 해요.

최근 스타일리스트들은 잡지 화보나 광고, 영화뿐 아니라 기업인과 정치인, 대학 진학이나 취업 면접을 준비하는 일반인까지 스타일링하는 등 활동 범위가 점점 넓어지고 있어요.

 어떤 적성이 필요할까요?

늘 새로운 것을 추구하는 스타일리스트는 미적 감각이 뛰어나고 패션에 대한 남다른 센스가 있어야 해요. 유행에 민감하기 때문에 트렌드를 보는 능력과 색채 감각은 물론, 새로운 스타일을 연출할 수 있는 창의력도 필요하지요. 겉으로 화려해 보이지만, 의상을 직접 들고 다녀야 해서 체력이 필수예요.

 어떻게 준비할까요?

새로운 옷을 사기보다 자신이 이미 가지고 있는 옷이나 액세서리, 모자 등으로 어떻게 하면 멋지게 꾸밀 수 있을까 생각하는 습관을 가져 보세요. 또한 잡지나 텔레비전을 볼 때도 장소와 계절에 따라 어떻게 스타일을 꾸미는지 관심 있게 보는 것도 감각을 키우는 데 도움이 돼요.

연관 직업 탐색 활동

⭐ 스타일리스트는 패션에 관심이 많고 미적 감각이 뛰어난 어린이에게 적합해요. **스타일리스트와 연관된 직업**을 찾아 동그라미 해 보세요.

> 메이크업 아티스트, 이미지 컨설턴트, 유비쿼터스 도시 기술자, 패션 아티스트

정답 186쪽

✳ 다음 추천 직업은 미술을 좋아하는 어린이에게 적합해요. 그중 자신이 하고 싶은 흥미 직업을 찾아 **그 직업이 하는 일**을 써 보세요.

흥미 직업	하는 일
1 액세서리 디자이너	목걸이, 팔찌, 귀고리, 브로치, 넥타이핀 등 스타일 연출에 필요한 다양한 액세서리(장신구) 제품을 디자인한다.
2	
3	

추천 직업 액세서리 디자이너, 메이크업 아티스트, 뷰티 아티스트, 이미지 컨설턴트, 코디네이터, 패션 아티스트, 패션모델

직업 체험

나는야, 고구려 스타일리스트

고분 벽화 《무용도》에는 물방울무늬 무대 의상을 입고, 세련된 동작으로 춤을 추는 고구려 사람들의 예술적 재능과 끼가 담겨 있어요. 이러한 수준 높은 고구려 문화는 오늘날 한류 문화를 탄생시키는 원동력이 되었지요. 《무용도》 속 주인공들을 최고의 패션 리더로 만들어 주세요.

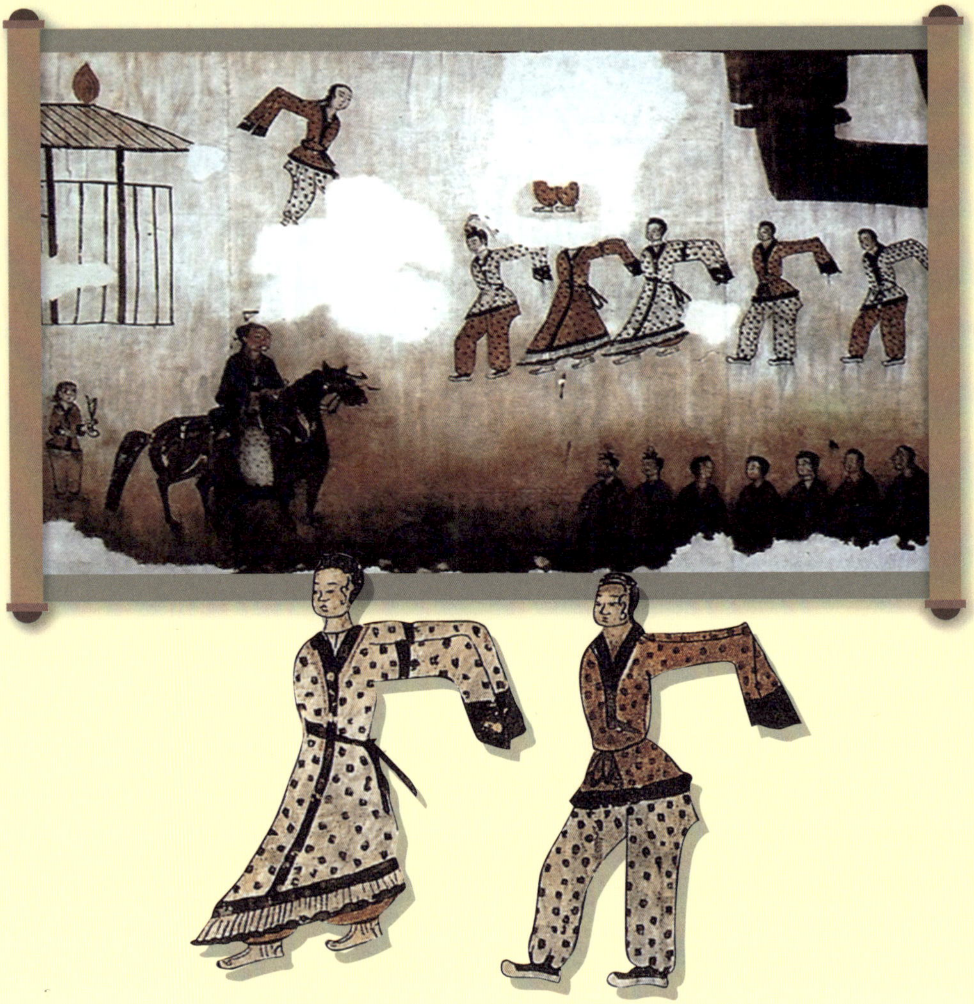

무용도 의상 꾸미기

선덕 여왕의 명품 코
조향사

　우리나라 역사상 여왕이 있던 나라는 오직 신라뿐이에요. 신라에는 태어날 때부터 신분이 정해지는 '골품 제도*'가 있었어요. 그래서 '성골*' 출신만 왕이 될 수 있었어요.

　그런데 신라 26대 진평왕이 아들 없이 세상을 떠났어요. 그러자 성골이었던 선덕 여왕이 여자로서는 최초로 왕위에 올랐지요.

　이 소식을 들은 당나라 태종은 붉은색과 자주색, 하얀색으로 그린 모란꽃 그림과 꽃씨를 축하 선물로 보냈어요. 선덕 여왕은 씨앗을 심으라고 명령하면서 이 모란꽃은 향기가 없을 거라고 말했어요. 얼마 뒤 꽃이 피었는데 진짜 향기가 나지 않았어요. 선덕 여왕은 태종이 보낸 그림에 나비가 없는 것을 보고, 태종이 자신을 얕보고 있다는 것을 알아차렸어요.

《삼국유사》에 나오는 '선덕 여왕과 모란꽃' 이야기는 여왕의 지혜로움을 알리기 위해 지어졌어요. 부귀를 상징하는 모란꽃은 실제로 은은하면서도 기분 좋은 향기가 나지요. 좋은 향기는 사람의 마음을 사로잡는데, 이런 향기를 만드는 신기한 직업이 있어요. 바로 조향사랍니다. 오늘날 다양한 향을 만들어 사람들을 행복하게 해 주는 조향사에 대해 알아보아요.

* **골품 제도** : 골과 두품으로 나뉘는 신라의 신분 제도예요.
* **성골** : 아버지와 어머니 모두 왕족인 신라 사람의 신분이에요.

조향사는 어떤 직업일까요?

　코끝을 은은하게 스치는 꽃향기를 맡으면 기분이 참 좋아져요. 향기는 우리 눈에 보이지는 않지만 호르몬 분비를 촉진시켜 우울한 기분도 바꿔 줘요. 이렇게 향수나 화장품, 샴푸, 방향제 같은 제품에서 나는 향기를 만드는 사람을 조향사라고 해요.

　조향사는 여러 가지 향을 섞어 새로운 향을 만들거나, 특정 제품의 이미지에 어울리는 독특한 향을 만들어요. 과자, 우유, 음료수 등에 향을 첨가하여 맛을 좋게 하는 것도 조향사가 하는 일이지요. 조향사는 후각이 예민해야 해요. 향을 만드는 과정이 매우 복잡하고 신중하기 때문이지요.

　대부분의 전문 조향사들은 약 3천 종의 향을 구별할 수 있어요. 처음에는 약 500여 종의 향을 구별하고, 경력이 쌓이면 수많은 향료들의 냄새 차이와 구성 성분까지도 구별할 수 있게 된답니다.

 ### 어떤 적성이 필요할까요?

　향기를 만드는 조향사는 과학에 흥미가 있는 어린이에게 적합해요. 향을 만드는 전문직이기 때문에 제품에 어울리는 향을 표현할 수 있는 미적 감각이 필요하지요. 무엇보다 후각이 예민해야 해요. 새로운 향을 만들기 위한 창의력도 필요하고요.

 ### 어떻게 준비할까요?

　후각이 손상되지 않도록 늘 코를 관리해야 해요. 그러기 위해서는 몸 전체가 건강해야겠지요. 그리고 과학 공부를 특히 열심히 하세요. 향기와 관련된 책 대부분이 영어로 되어 있고, 향료 역시 수입품이기 때문에 외국어 공부도 필수예요. 대학 전공은 화학을 선택해 공부하는 것이 유리해요.

● 조향사는 크게 퍼퓨머(perfumer)와 플래버리스트(flavorist)로 나뉘어요. <u>어떻게 다른지</u> 함께 살펴볼까요?

- 퍼퓨머(perfumer) '향료 조향사'라고 해요. 향수를 만들거나 세제, 화장품 등 제품의 향을 만들어요. 먹을 수 없는 향을 만들기 때문에 다양한 향을 만들 수 있어요.
- 플래버리스트(flavorist) '식품 향료 조향사'라고 해요. 과자나 음료 등 식품에 향을 첨가하는 일을 해요. 사람이 먹을 수 있는 향을 만들기 때문에 식품에 대한 정확한 지식을 알고 있어야 해요.

● 다음 추천 직업은 과학을 좋아하고 후각이 예민한 어린이에게 적합해요. 그중 자신이 하고 싶은 흥미 직업을 찾아 <u>그 직업이 하는 일</u>을 써 보세요.

흥미 직업	하는 일
1 향기 치료사 (아로마 테라피스트)	고객에게 적합한 아로마 오일이나 제품을 추천하고, 효능 및 사용 방법을 안내한다.
2	
3	

추천 직업 향기 치료사(아로마 테라피스트), 애견 테라피스트, 퍼퓨머, 플래버리스트

숨은 향기 찾기

우리가 즐겨 먹는 바나나 맛 우유나 딸기 맛 우유에서 나는 향도 조향사가 만든 거예요. 우리 집에 있는 음료수, 아이스크림, 샴푸, 치약, 방향제, 핸드 크림 등 다양한 제품의 향기를 맡아 보고, 어떤 향이 나는지 써 보세요. 그리고 향을 색깔로 표현해 보세요.

● 체험 예시

숨은 향기 찾기

제품 이름	향을 설명해요!	향을 색으로 표현해요!
사 탕	달콤하면서 부드러운 향	분홍색
방향제	머리가 맑아지고 시원해지는 향	초록색
땅콩 과자	고소하고 먹고 싶은 향	노란색
치 약	산뜻하고 깔끔한 향	파란색

숨은 향기 찾기

제품 이름	향을 설명해요!	향을 색으로 표현해요!
아이스크림		
음료수		
샴 푸		
핸드 크림		

⭐ 가장 좋아하는 향기를 가진 제품을 자유롭게 디자인해 보세요.

화장하는 꽃미남, 화랑
메이크업 아티스트

　신라는 알에서 태어났다고 전해지는 박혁거세가 세운 나라예요(기원전 57년). 삼국 중 가장 먼저 세워졌지만 고구려와 백제보다 발전이 늦었지요. 신라가 가장 발전한 때는 진흥왕 때였어요. 진흥왕은 고구려와 백제를 공격하여 한강을 차지했어요. 영토를 크게 넓힌 진흥왕은 신라만의 문화를 발전시켜 나갔지요. 이후 신라는 당나라와 손잡고 백제와 고구려를 차례로 멸망시킨 뒤, 한반도를 차지하려는 당나라를 몰아내고, 마침내 삼국 통일을 이루었어요.

　신라가 삼국 통일을 이룬 원동력은 '화랑도'예요. 화랑도는 진흥왕 이전에 있던 청소년 모임이었는데, 진흥왕이 진골 출신 가운데 잘생기고 행동이 바른 청소년만 뽑아 인재로 키우는 국가 조직으로 바꿨지요. 학문과 무술, 춤과 노래 실력까지 뛰어났던 화랑은 잘생긴 얼굴에 멋진 화장을 했어요.

　잘생긴 신라의 화랑은 왜 화장을 했을까요? 자신이 이끄는 수많은 낭도들과 다르게 보이고, 힘과 권위를 드러내기 위해서였어요.
　요즘에는 주로 여자가 화장을 해요. 하지만 화장하는 남자도 점점 늘고 있어요. 얼굴 분위기에 맞게 화장을 해 주는 메이크업 아티스트란 직업도 생겼어요. 사람들의 얼굴을 아름답게 만들어 주는 직업, 메이크업 아티스트에 대해 알아볼까요?

메이크업 아티스트는 어떤 직업일까요?

흔히 아름다운 미인이라 하면 우유처럼 하얀 피부와 오뚝한 코, 긴 속눈썹에 앵두 같은 입술을 가진 영화 속 주인공을 떠올려요. 이처럼 영화나 연극, 방송에 출연하는 주인공이나 보통 사람들의 얼굴을 예쁘게 보이도록 화장해 주는 사람을 메이크업 아티스트라고 해요.

메이크업 아티스트는 최신 유행에 따라 화장품을 이용하여 어울리는 화장을 해 주고, 사람들에게 자신감을 주는 멋진 직업이랍니다.

메이크업이란 말에는 '화장과 분장'이란 의미가 담겨 있어요. 메이크업 아티스트는 주로 화장품 회사, 방송사, 미용실 등에서 일하면서 화장과 분장을 통해 아름다움을 창조하지요. 또한 화가가 멋진 예술 작품을 탄생시키는 것처럼 화장품을 이용해 새로운 캐릭터와 유행을 만들기도 해요. 특히 특수 분장으로 오페라, 뮤지컬, 드라마, 영화 등에 출연하는 배우들을 배역에 맞는 인물로 완벽하게 변신시켜 주는 화장 기술은 정말 깜짝 놀랄 만하지요.

 어떤 적성이 필요할까요?

메이크업 아티스트는 각 얼굴에 맞는 색상을 조화롭게 사용하고 표현하는 미적 감각을 지녀야 해요. 트렌드를 읽는 능력과 창의력도 중요하고요. 또한 다양한 사람들을 만나는 직업인 만큼 대인 관계가 좋고 성실해야 해요.

 어떻게 준비할까요?

정교한 손동작과 색채 감각을 기르기 위해 미술 공부를 하고 그림이나 사진을 보면서 안목을 키우세요. 또한 메이크업과 관련된 전문 용어는 영어로 된 경우가 많으니 영어 공부를 열심히 해야 해요. 메이크업 자격증을 미리 따 놓는 것도 좋아요.

연관 직업 탐색 활동

⭐ 메이크업 아티스트와 연관된 직업에는 어떤 것이 있을까요? 사람들의 모습을 아름답게 꾸며 주는 다양한 직업을 찾아 동그라미 해 보세요.

> 이미지 컨설턴트, 애니메이터, 뷰티 평론가, 빅데이터 전문가, 매너 리더십 강사

정답 186쪽

✿ 다음 추천 직업은 미술을 좋아하는 어린이에게 적합해요. 그중 자신이 하고 싶은 흥미 직업을 찾아 그 직업이 하는 일을 써 보세요.

흥미 직업	하는 일
1 이미지 컨설턴트	고객에게 어울리는 화장법과 패션, 대화법을 지도하여 고객의 이미지를 새롭게 바꿔 주는 전문가이다.
2	
3	

추천 직업 이미지 컨설턴트, 마네킹 분장사, 매너 리더십 강사, 미용사, 뷰티 평론가, 체형 디자이너, 특수 분장사, 화장품 브랜드 매니저

직업 체험

꽃미남 화랑이 최고야!

메이크업 아티스트의 활동 분야는 뷰티 메이크업, 웨딩 메이크업, 무대 메이크업, 광고 메이크업, 포토 메이크업, 패션 메이크업 등으로 나뉘어요. 그중 무대 메이크업을 할 때는 드라마 속 인물의 성격과 시대적 배경, 장소 등을 분석하여 메이크업을 하지요. 화랑을 멋있게 화장해 주세요.

● 체험 예시

화랑 메이크업

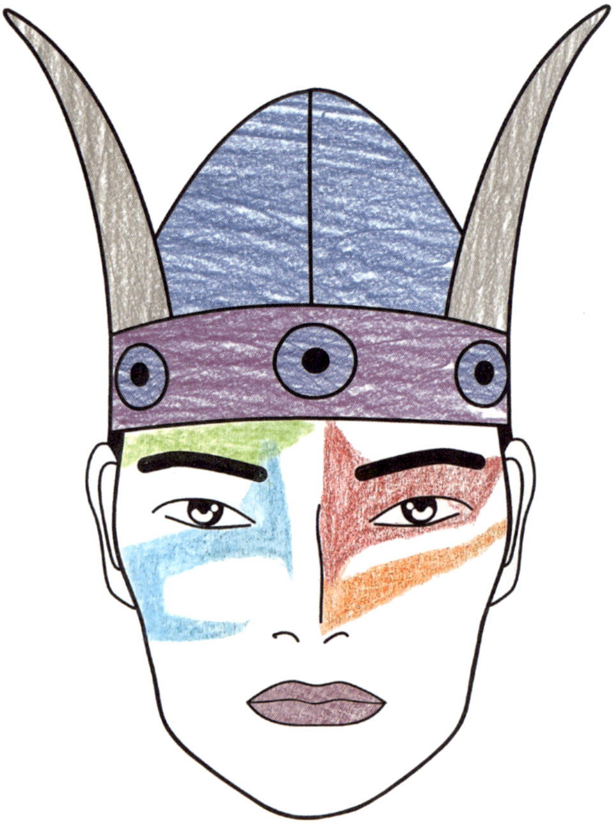

화랑 메이크업

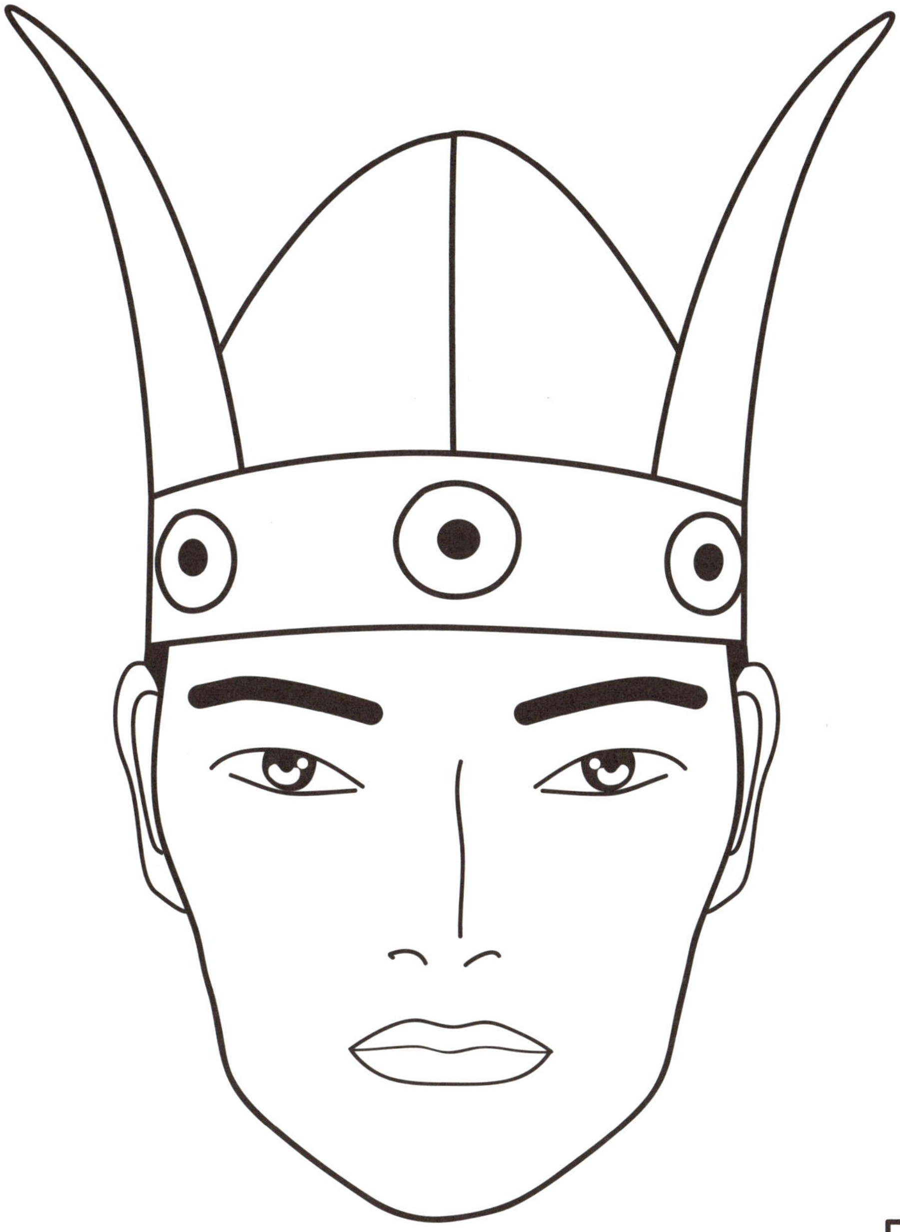

목화꽃이 피었습니다!
텍스타일 디자이너

고려 공민왕 때 문익점이 원나라에 가게 되었어요. 가서 보니, 당시 원나라 사람들은 목화로 만든 솜옷을 입고 있었어요. 문익점은 삼베옷을 껴입고 추운 겨울을 보내는 고려의 백성이 떠올랐어요. 목화씨를 가져가면 백성들에게 따뜻한 옷감이 될 것 같았지요. 문익점은 고려로 돌아올 때 붓두껍* 속에 목화씨를 넣어 가져왔어요.

고향으로 돌아온 문익점은 장인과 함께 목화씨를 심고 정성껏 가꾸었어요. 목화를 가꾼 지 3년째 되던 해였어요. 하얀 목화꽃이 활짝 피고, 열매를 맺은 목화에 포근한 솜이 꽉 들어찼어요. 문익점은 목화송이에서 실을 뽑아 옷감 짜는 방법을 배웠어요. 그렇게 만든 무명은 전국 방방곡곡에 퍼졌어요. 백성들은 문익점 덕분에 솜옷을 만들어 입게 되었고, 겨울을 따뜻하게 보낼 수 있었어요.

목화로 만든 무명은 문익점이 우리에게 남긴 값진 선물이에요. 이후 옷감 짜는 기술이 한층 더 발전하여 실용적이고 아름다운 옷감이 많이 나오게 되었어요.

오늘날 옷감을 만드는 사람을 텍스타일* 디자이너라고 해요. 천을 짜고, 엮고, 염색하고, 수를 놓아 아름다운 옷감을 완성하지요. 실용적이고 아름다운 옷감을 개발하는 텍스타일 디자이너에 대해 알아보아요.

* **붓뚜껑** : 붓촉에 끼워 두는 뚜껑이에요.
* **텍스타일** : 각종 옷감을 가리키는 말이에요.

텍스타일 디자이너는 어떤 직업일까요?

텍스타일 디자이너는 옷의 재료인 옷감을 만드는 전문가예요. 섬유 디자이너, 직물 디자이너, 원단 디자이너 등이라고 부르지요.

교복이나 청바지, 와이셔츠, 손수건, 스카프 등은 옷감이 모두 달라요. 텍스타일 디자이너는 이런 옷감의 성분이나 실의 색상, 굵기, 질감, 품질, 짜임 등을 달리하면서 다양한 옷감을 만들어요. 어떤 소재로 어떤 옷감을 만드느냐가 텍스타일 디자이너의 핵심 업무랍니다. 그리고 옷감에 들어갈 무늬, 자수까지도 디자인하지요.

텍스타일 디자이너가 새로운 옷감을 디자인할 때는 제품 디자이너, 패션 디자이너와 함께 일을 해요. 옷감이 사용될 제품에 맞게 디자인해야 하기 때문이에요.

옷감 소재만으로도 상품의 가치가 달라지고, 소비자의 시선을 사로잡을 수 있기 때문에 텍스타일 디자이너의 활약이 더욱 중요해지고 있답니다.

어떤 적성이 필요할까요?

색채 감각이 뛰어나고 유행에 민감한 어린이에게 적합한 직업이에요. 늘 새로운 아이디어로 새로운 직물을 만들어야 하기 때문에 창의력이 있어야 해요. 또한 기존 지식을 활용해 새로운 걸 만들 줄 아는 응용력도 필요하지요. 다른 디자이너와 함께 일하는 경우가 많기 때문에 협동심이 중요해요.

어떻게 준비할까요?

평소 패션쇼나 패션 잡지 등을 보며 패션 감각과 안목을 키우도록 하세요. 텍스타일 디자인은 섬유에 그림을 그리는 일과 비슷하기 때문에 다른 사람의 그림을 많이 보면서 직접 그림을 그려 보세요. 패턴 디자인도 스케치해 보고요. 외국어 공부를 해 두면 새로운 정보를 빨리 아는 데 도움이 돼요.

🟠 텍스타일 디자이너는 패션과 디자인에 관심이 많고 예술 감각이 뛰어난 어린이에게 적합한 직업이에요. **텍스타일 디자이너와 연관된 직업**을 찾아 동그라미 해 보세요.

> 요리사, 컬러리스트, 텍스타일 머천다이저, 도서 MD, 텍스타일 컨버터

정답 186쪽

🌸 다음 추천 직업은 미술을 좋아하는 어린이에게 적합해요. 그중 자신이 하고 싶은 흥미 직업을 찾아 **그 직업이 하는 일**을 써 보세요.

흥미 직업	하는 일
1 패터니스트	텍스타일 디자인의 문양과 패턴을 디자인한다.
2	
3	

추천 직업 패터니스트, 스타일리스트, 컬러리스트, 퀄리티 컨트롤러, 텍스타일 머천다이저, 텍스타일 컨버터, 프로덕트 매니저

나만의 무늬 디자인하기

문익점이 남긴 목화와 무명은 고려 백성의 의생활 수준을 높여 준 의류 혁명이에요. 옷감 짜는 기술은 오늘날 실용적이고 아름다운 옷감을 만드는 텍스타일 디자인으로 발전했지요. 독특하고 창조적인 나만의 텍스타일 무늬(패턴)를 디자인한 뒤, 어디에 쓸지 용도를 정해 보세요.

● 체험 예시

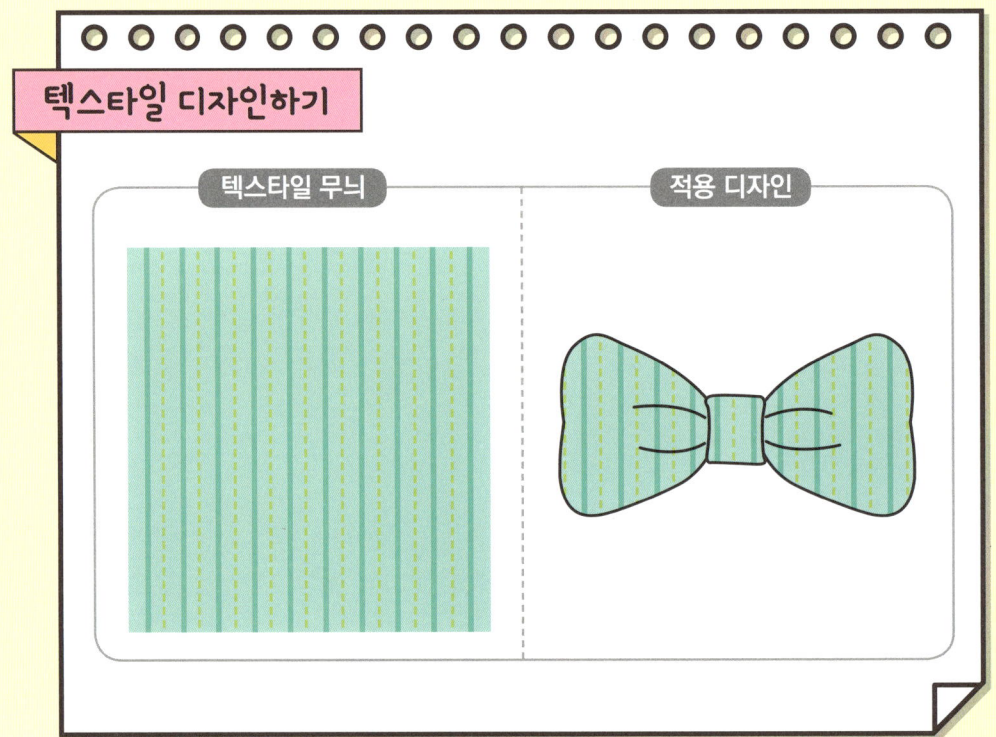

텍스타일 디자인하기

텍스타일 무늬	적용 디자인

텍스타일 무늬	적용 디자인

텍스타일 무늬	적용 디자인

알록달록 색동 오방색
컬러리스트

    우리나라 궁궐이나 절에 가 보면 지붕이나 기둥에 단청이 알록달록 칠해져 있어요. 단청은 파랑, 하양, 빨강, 노랑, 검정 다섯 가지 색으로 꾸며져 있는데, 이를 '오방색'이라고 해요. 우리나라 전통 색인 오방색은 음양오행을 색으로 표현한 거예요. 하양, 빨강, 노랑은 양이고, 파랑, 검정은 음에 속해요. 또한 방향을 상징할 때는 동쪽은 파랑, 서쪽은 하양, 남쪽은 빨강, 북쪽은 검정, 중앙은 노랑을 상징하지요. 그 밖에도 오방색은 계절과 수호신을 표현한답니다.

    명절에 입는 색동저고리나 전통 부채, 복주머니, 조각보 등에서도 오방색을 쉽게 볼 수 있어요. 오방색은 우리 고유의 멋과 함께 조상들의 슬기를 간직한 우리 민족의 전통 색이랍니다.

건축물에 단청을 칠한 건 아름다움만 강조한 게 아니었어요. 다른 건물과 다르다는 것을 보여 주고, 나무가 썩지 않도록 하기 위해서예요. 이처럼 색은 아름다움을 드러내는 동시에, 용도와 목적에 맞게 표현돼요. 요즘은 색채를 전문적으로 다루는 직업도 있어요. 색상 정보를 수집하고 분석하여 결정하는 컬러리스트예요. 브랜드나 제품 이미지에 어울리는 색을 찾아 주는 컬러리스트에 대해 알아볼까요?

컬러리스트는 어떤 직업일까요?

사람들이 물건을 살 때 가장 먼저 보는 것은 무엇일까요? 바로 색깔이에요. 맥도널드는 빨강과 노랑, 코카콜라는 빨강, 포카리스웨트는 파랑, 스타벅스는 초록 등 유명 브랜드마다 떠오르는 색깔이 있어요. 이렇게 제품에 어울리는 색을 디자인하고 연구하고 개발하는 사람을 컬러리스트라고 해요. 컬러 코디네이터, 색채 전문가라고도 하지요.

컬러리스트는 색상과 관련된 다양한 정보를 수집하고 분석하는 일을 해요. 그리고 수집한 정보를 바탕으로 브랜드 이미지와 제품 콘셉트에 맞는 색상을 기획하고 결정해요. 새로운 색상을 만들기도 하지요. 최근에는 '퍼스널 컬러*'로 사람들의 마음을 사로잡는 컬러리스트들도 활발하게 활동하고 있어요.

* **퍼스널 컬러** : 개인에게 어울리는 컬러를 말해요. 퍼스널 컬러를 알면 개인에게 잘 어울리는 이미지를 연출할 수 있어요.

 어떤 적성이 필요할까요?

컬러리스트는 미적 감각과 창의력, 유행 예측 능력을 갖추어야 해요. 주로 색채를 분석하여 응용하는 일을 하기 때문에 꼼꼼하고 집중력이 뛰어나야 하지요. 또한 매일 다양한 색상을 접하기 때문에 눈이 쉽게 피로해지고, 시력이 나빠질 수 있어요. 그러므로 시력 관리에 신경 써야 해요.

 어떻게 준비할까요?

컬러리스트는 색으로 제품에 대한 인상을 만들고 어울리는 색을 찾는 일을 하므로 컬러에 대한 지식뿐만 아니라, 사회학이나 심리학에 대한 기본 지식을 갖추어야 해요. 컬러리스트가 되려면 관련 자격증이 있어야 해요. 미술 관련학과를 전공하거나 학원에서 교육을 받으면 활동에 도움이 돼요.

● 컬러리스트는 미적 감각이 뛰어난 어린이에게 적합한 직업이에요. **컬러리스트와 연관된 직업**을 찾아 동그라미 해 보세요.

> 색조 연구원, 천연 염색사, 건축가

정답 186쪽

● 다음 추천 직업은 미술을 좋아하는 어린이에게 적합해요. 그중 자신이 하고 싶은 흥미 직업을 찾아 **그 직업이 하는 일**을 써 보세요.

흥미 직업	하는 일
1 천연 염색사	자연에서 얻을 수 있는 천연 재료를 사용하여 가죽 및 직물을 염색한다.
2	
3	

추천 직업 천연 염색사, 색조 연구원, 패션 컬러리스트, 플로리스트

오방색 완전 정복!

컬러리스트가 되려면 관련 자격증을 취득해야 해요. 컬러리스트 시험에 단골로 나오는 것이 한국의 전통 색, 오방색에 관한 문제예요. 파란색, 하얀색, 빨간색, 노란색, 검정색 등 오방색을 써서 단청을 칠해 보고 여러분이 그리고 싶은 그림도 그려 보세요.

단청 칠하기

• 예시

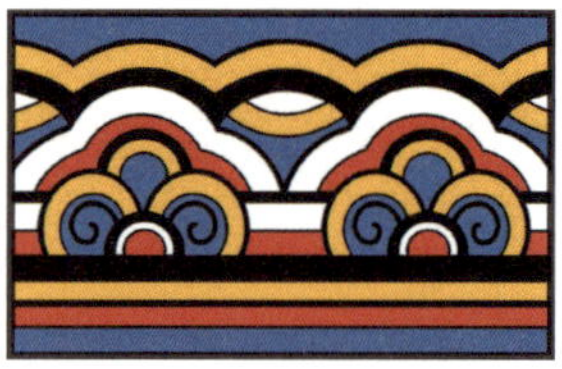

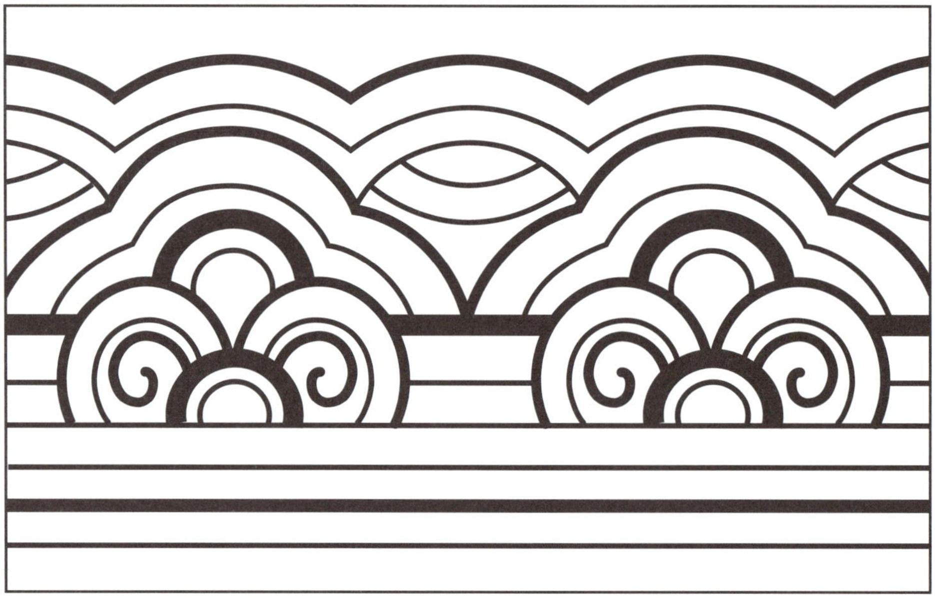

그림을 그린 후 오방색으로 색칠하기

PART 05
법률·공공 서비스

직지, 컴백 홈! **변리사**

 조선의 119 멸화군 **소방관**

정조의 보디가드 **경호원**

 조선의 과학 수사관 **프로파일러**

직지, 컴백 홈!
변리사

《직지(직지심체요절)》는 고려 시대 때 청주 흥덕사에서 만든 불교 책이에요 (1377년). 지구상에 남아 있는 책 중 가장 오래된 금속 활자* 인쇄본이에요. 그동안 세계 최초의 금속 활자 인쇄본으로 알려져 있던 독일의 구텐베르크 성서보다 78년이나 앞선 것이지요. 그 가치를 인정받은 《직지》는 2001년 유네스코 세계 기록 유산으로 등재되었어요.

그런데 《직지》는 현재 프랑스 국립 도서관에 보관되어 있어요. 우리의 기술로 만든 문화유산이 왜 프랑스에 있는 걸까요? 대한 제국 때 우리나라에서 근무하던 프랑스 대사가 《직지》를 구입해 가져간 뒤, 프랑스 국립 도서관까지 가게 된 거예요. 프랑스에서 《직지》를 다시 찾아낸 사람은 박병선 박사예요. 프랑스 국립 도서관에서 일하던 박병선 박사는 프랑스에 있는 문화재를 돌려받기 위해 평생을 노력하다 돌아가셨어요(2011년).

우리 기술로 만든 《직지》가 프랑스에 있는 건 참 안타까운 일이에요. 국제 특허 법률사무소에서 일하는 미국인 패닝턴 씨는 외국인인데도 불구하고 《직지》 찾기 운동을 펼쳤어요. 《직지》는 한국 기술로 만들었기 때문에, 한국에 권리가 있다고 주장하면서요. 이처럼 기술에 권리를 보장해 주는 일을 하는 사람이 변리사예요. 새로운 기술이나 디자인, 상표 등의 특허권 취득을 도와주는 변리사에 대해 알아보아요.

* **금속 활자** : 활판 인쇄를 하기 위해 쇠붙이를 녹여 만든 활자예요. 고려 시대 때 세계 최초로 금속 활자 인쇄술이 발명되었어요.

변리사는 어떤 직업일까요?

 세계 여러 기업이 앞다투어 첨단 기술을 개발하고 있어요. 그래서 새로운 기술과 디자인에 관한 특허가 매우 중요해졌어요. 변리사에 대한 관심도 높아졌지요. 변리사는 제품이나 상품, 아이디어 등을 처음 만든 사람이 특허를 받도록 도와줘요. 특허란 처음 개발한 사람의 허락 없이 다른 사람이 기술이나 아이디어를 함부로 쓰거나 비슷하게 만들지 못하도록 보장하는 특별한 권리예요.

 변리사가 하는 일은 크게 출원 업무와 분쟁 업무로 나뉘어요. 출원 업무는 개인이나 기업이 새로운 기술에 대한 발명, 디자인, 상표 등의 특허권을 얻도록 돕는 일이에요. 분쟁 업무는 특허와 관련된 분쟁을 해결하며, 지적 재산권 침해와 소유권 다툼이 있을 때 돕는 일이고요.

 변리사는 연봉이 높고 전문직이어서 인기가 높아요. 특허권을 통해 국가 발전에 이바지할 수 있다는 점도 매력적이지요.

어떤 적성이 필요할까요?

 발명품을 분석하는 능력과 논리적인 사고가 필요해요. 예를 들어 복잡한 장난감을 잘 만들거나 어려운 수학 문제 푸는 것을 즐기는 어린이라면 변리사가 될 자질이 충분해요. 변리사는 경쟁력을 갖추기 위해 끊임없이 법률, 과학 등에 대해 공부해야 하기 때문에 무언가 새로 아는 걸 좋아해야 하지요.

어떻게 준비할까요?

 변리사가 되기 위해서는 특허청에서 실시하는 변리사 자격시험에 합격해야 해요. 학교 공부는 물론 여러 분야를 꼼꼼히 공부해야 하지요. 특히 과학 공부를 열심히 하세요. 또한 특허권이 외국 기술과 연관된 경우가 많기 때문에 외국어 공부도 필수예요.

 연관 직업 **탐색 활동**

🔶 최근 직업의 특징 중 하나가 국제화예요. 변리사 역시 국제 특허 및 분쟁을 해결하며 점점 더 국제화되고 있어요. **변리사처럼 국제화 시대에 어울리는 직업**을 찾아 동그라미 해 보세요.

> 저작권 에이전트, 캘리그래퍼, 국어 학원 강사, 국제 법률 전문가, 국제 변호사

정답 186쪽

🌸 다음 추천 직업은 과학이나 사회, 외국어를 좋아하는 어린이에게 적합한 직업이에요. 그중 자신이 하고 싶은 흥미 직업을 찾아 **그 직업이 하는 일**을 써 보세요.

흥미 직업	하는 일
1 저작권 에이전트	국가와 국가 사이에서 출판물 저작권 거래가 이루어지도록 중개하는 역할을 한다.
2	
3	

추천 직업: 저작권 에이전트, 국제 법률 전문가, 국제 변호사, 동시 통역사, 외교관, 해외 소싱 전문가, 해외 프로젝트 매니저

응답하라, 직지!

세계적인 가치를 지닌 《직지》는 한국에서 한국인이 한국의 기술로 만든 자랑스러운 문화재예요. 그러므로 《직지》가 태어난 고향으로 하루빨리 돌아와야 해요. 현재 프랑스 국립 도서관에 보관 중인 《직지》가 우리나라로 돌아와야 하는 이유를 생각해 보고, 직지 티셔츠의 상표 특허 명세서를 완성해 보세요.

● 체험 예시

〈직지T셔츠〉 상표 특허 명세서 완성하기

★ 출원인 : 오진로 ★ 상품명 : 직지 티셔츠

★ 상품 유형
- ☑ 일반 상표
- ☐ 입체 상표
- ☐ 색체가 결합된 상표
- ☐ 색체만으로 된 상표
- ☐ 홀로그램 상표
- ☐ 동작 상표
- ☐ 그 밖에 시각적으로 인식할 수 있는 상표
- ☐ 소리 상표
- ☐ 냄새 상표
- ☐ 그 밖에 시각적으로 인식할 수 없는 상표

★ 상표 설명
나는 직지가 하루빨리 우리 품으로 돌아오길 바란다. 그래서 세계인이 즐겨 입는 티셔츠에 직지를 디자인해서 한국의 것임을 알리려고 한다.

★ 상표 시각적 표현 : 직지 티셔츠를 디자인한 뒤, 상표 특허의 목적과 효과를 간단히 써 보세요.

❶ 상표 특허 목적
《직지》가 우리나라로 돌아오길 바라는 마음으로 상표 특허를 신청한다.

❷ 상표 특허 효과
직지의 사연을 모르는 사람들에게 알림으로써 언젠가는 프랑스에 직지를 돌려달라고 요구할 수 있을 것이다.

〈직지T셔츠〉 상표 특허 명세서 완성하기

⭐ 출원인 _____   ⭐ 상품명 _____

⭐ 상품 유형

☐ 일반 상표 ☐ 입체 상표 ☐ 색체가 결합된 상표 ☐ 색체만으로 된 상표
☐ 홀로그램 상표 ☐ 동작 상표 ☐ 그 밖에 시각적으로 인식할 수 있는 상표
☐ 소리 상표 ☐ 냄새 상표 ☐ 그 밖에 시각적으로 인식할 수 없는 상표

⭐ 상표 설명

⭐ 상표 시각적 표현 직지 티셔츠를 디자인한 뒤, 상표 특허의 목적과 효과를 간단히 써 보세요.

❶ 상표 특허 목적

❷ 상표 특허 효과

⭐ 상표 특허 명세서를 심사하고 평가해 보세요. 다른 사람에게 부탁해요.

평가 내용	심사 1	심사 2	심사 3
상표 유형이 상표의 시각적 표현과 일치하는가?	☆☆☆☆☆	☆☆☆☆☆	☆☆☆☆☆
상표 설명이 자세하고 정확한가?			
시각적 표현으로 상표를 쉽게 알아볼 수 있는가?			

조선의 119 멸화군
소방관

　세종이 나라를 다스리던 1426년 2월 15일, 한양에 큰불이 났어요. 불은 다음 날까지 이어져 수많은 집과 관청을 잿더미로 만들고 말았어요. 세종은 불이 났다는 소식을 듣고 전문성을 갖춘 소방 시스템을 만들었어요. 먼저 화재를 예방하는 '금화도감'을 설치하고, 우리나라 최초 소방관인 '금화군'을 뽑았어요. 금화군은 '불을 금하는 군인'이란 뜻이에요.

　세조 때 금화군은 '멸화군'으로 확대되어 모두 50명을 뽑았어요. 멸화군은 '불을 멸하는 군인'이란 뜻이에요. 조선의 소방관 멸화군은 24시간 동안 순찰을 돌며 화재를 예방했어요. 컴컴한 밤에도 화재를 감시하고, 불이 나면 종을 쳐서 즉시 알렸지요. 종소리를 들은 멸화군은 물을 나르는 급수비자(노비)와 함께 현장으로 달려가 전문 소방관답게 불을 껐어요.

조선 시대 건축물은 대부분 나무와 짚, 종이로 지었기 때문에 불에 매우 약했어요. 조선의 소방관은 한양의 6분의 1이 불타 버린 대참사 이후 탄생했어요. 불을 금하는 '금화군'에서 불을 멸하는 '멸화군'으로 발전하며, 화재를 예방하고 진압했지요. 오늘날 국가 공무원인 소방관은 불 끄는 일 이외에도 다양한 일을 해요. 국민의 생명과 재산을 지키는 소방관이 하는 일을 알아볼까요?

소방관은 어떤 직업일까요?

불은 우리 생활에 매우 중요해요. 맛있는 음식을 만들어 주고, 추운 겨울에는 따뜻하게, 어두운 곳은 환하게 밝혀 주지요. 하지만 때로 불은 사람의 생명과 재산을 빼앗아 가는 엄청난 재난이 되기도 한답니다. 불이 나면 사이렌을 울리며 달려와 화재를 진압하는 사람들이 있어요. 소방관이에요. 그들은 위험을 무릅쓰고 불길 속으로 뛰어들어 사람들의 생명을 구하지요.

소방관은 화재 현장 외에도 국민이 위험에 처한 곳이라면 어디든지 달려가 구조해요. 건물 붕괴, 가스 폭발, 교통사고 등의 사고 현장을 수습하고, 응급 처치를 마친 즉시 병원으로 보내는 고마운 직업인이에요.

소방관의 업무는 화재 진압, 구조, 구급으로 나뉘지만, 무엇보다 중요한 일은 화재 예방이에요. 정기적으로 학교나 병원 등 각 지역 사회의 건물과 시설물에 가서 소방 안전 점검을 하지요. 새로 짓는 건축물이 소방 규칙에 맞게 지어지는지 엄격하게 확인한답니다.

 어떤 적성이 필요할까요?

소방관은 위험한 상황에 처한 사람들을 도와줘요. 그러므로 국민의 생명과 안전을 지킨다는 사명감을 가지고, 자신을 희생할 수 있는 마음을 지녀야 하지요. 늘 남을 돕고 배려하는 어린이라면 훌륭한 소방관이 될 수 있어요.

 어떻게 준비할까요?

소방관은 국가 공무원이기 때문에 소방 공무원 시험이나 소방 간부 후보생 선발 시험에 합격해야 해요. 필수 과목인 국어, 한국사, 영어 실력을 키우고, 건강한 체력을 유지하도록 하세요.

⭐ 소방관은 체력, 공간 지각력, 순발력이 뛰어난 어린이에게 적합한 직업이에요. **소방관처럼 국가 공무원에 속한 직업**을 찾아 동그라미 해 보세요.

> 경찰관, 애니메이터, 군인, 판사, 조향사

정답 186쪽

🟢 다음 추천 직업은 애국심이 투철하고 봉사 정신이 있는 어린이에게 적합한 직업이에요. 그중 자신이 하고 싶은 흥미 직업을 찾아 **그 직업이 하는 일**을 써 보세요.

흥미 직업	하는 일
1 검찰 수사관	검사를 도와 피의자 신문, 벌금, 수사, 압수 수색, 사건 관련 업무를 담당한다.
2	
3	

추천 직업 검찰 수사관, 검사, 경찰관, 군무원, 군인, 법원직 공무원, 외교관, 판사, 행정직 공무원

슈퍼맨이 알려 주는 안전 수칙

소방관은 사람들의 안전을 지키고, 생명을 구하는 직업이에요. 위험한 재해 현장에서 숨 가쁘게 구조 작업을 펼치는 모습을 보면 소방관을 왜 슈퍼맨이라고 하는지 알 수 있지요. 이처럼 멋진 일을 하는 소방관이 알려 주는 안전 수칙이 있어요. 초성을 보고 알맞은 단어를 써 보세요.

1 불이 나면 사람들이 ㄷㅍ 할 수 있도록 항상 옥상 ㅊㅇㅁ 과 ㅂㅅㄱ 를 열어 놓아요.

2 아파트인 경우 ㅂㄹㄷ 에 있는 완강기 사용법을 알아 두고, 언제든지 사용할 수 있도록 ㄱㄹ 해요.

 화재 감식 전문가

불이 진압된 뒤, 소방관과 함께 화재의 발생 원인과 사고 피해 등을 조사해요. 화재 현장을 촬영하고, 불이 시작된 지점과 시각을 밝히고, 필요에 따라 불이 나기 전 상태로 복원시키는 작업을 하지요. 화재가 발생한 원인이 방화일 경우, 불이 난 단서를 찾아서 수사를 맡은 경찰관에게 전달해요.

3 불이 나면 옆집과 우리 집 사이에 있는 경량 칸막이를 부수고 ㅌ ㅊ 해야 해요. 그러므로 칸막이를 언제든지 사용할 수 있도록 ㄱ ㄹ 해야 하지요.

4 ㄷ ㅍ 할 때 방해가 되는 물건이나 가구 등을 ㄱ ㄷ 이나 ㅌ ㄹ 에 두면 안 돼요.

5 ㅅ ㅂ ㅊ 가 들어올 수 있도록 ㅅ ㅂ ㅊ 전용 ㅈ ㅊ 공간을 항상 비워 놓아야 해요.

 정답: ❶ 대피, 좁힌문, 미음문 ❷ 배린다, 급지 ❸ 릉률, 급지 ❹ 대피, 계단, 톰도 ❺ 소방자, 소방자, 주차

173

정조의 보디가드
경호원

조선 후기 왕위에 오른 정조가 말했어요.

"나는 사도 세자의 아들이다!"

정조의 아버지 사도 세자는 신하들의 싸움으로 조선 역사에서 가장 비극적으로 죽음을 맞이한 사람이에요. 열한 살의 어린 나이에 아버지의 죽음을 지켜본 정조는 당파 싸움을 없애고 왕권을 강화하기 위해 노력했어요. 먼저 국립 도서관인 규장각을 세우고 능력이 뛰어난 인재를 뽑았어요. 그리고 규장각 관리들을 중심으로 변화를 일으켰어요. 나라를 변화시키기 위해서는 무엇보다 힘이 필요했어요. 정조는 '장용영'이란 부대를 만들고, 직접 지휘했지요. 장용영의 일부는 수원 화성을 지키고 화성 동장대(연무대)에서 훈련을 받았어요. 화성을 지키는 군사가 5천 명, 화성 주변을 지키는 군사가 8천 명이나 되었어요. 장용영은 정조와 조선을 지키는 조선 최강 군사이자, 경호 부대였어요.

정조는 왕위에 오르기 전부터 사도 세자를 죽이는 데 앞장섰던 신하들에게 여러 차례 위협을 받았어요. 그래서 강한 부대를 만들어 조선을 이끌어 갔어요. 장용영은 조선 최고의 경호원이었지요. 오늘날에도 경호원이 있어요. 대통령부터 유명 스타까지 사람들의 안전을 책임지는 경호원에 대하여 좀 더 알아볼까요?

경호원은 어떤 직업일까요?

텔레비전이나 영화에서 검은 양복에 검은 선글라스를 쓰고 주변을 살피며 누군가를 지키는 사람을 본 적이 있나요? 그들을 보디가드 또는 경호원이라고 해요. 예측할 수 없는 위험한 상황에서 사람을 보호하고, 생명과 재산을 지켜 주지요.

유명 인사나 스타가 가는 곳에는 항상 많은 사람들이 모여들어요. 그래서 언제 어떻게 위험한 상황이 벌어질지 몰라요. 이때 경호원은 자신의 몸을 아끼지 않고, 경호 대상자를 보호해요. 공연장에서 경호를 할 때는 현장 질서는 물론, 공연을 하는 가수와 공연을 보러 온 관객의 안전까지 책임진답니다.

최근 우리 사회에는 청소년 폭력이나 스토커 같은 생활 범죄가 많아졌어요. 그래서 경호원에게 보호를 요청하는 사람들이 많아지고 있어요. 기업에서도 경호와 보완 업무 능력을 갖춘 경호원을 뽑고 있어요.

 ### 어떤 적성이 필요할까요?

무엇보다 체력이 튼튼하고 운동 신경이 좋아야 해요. 경호 대상자 주변을 살피며, 항상 바른 자세로 근무하기 때문에 체력 소모가 크고 스트레스도 많이 받지요. 그러므로 경호원에게는 누군가의 생명과 안전을 지켜 준다는 투철한 사명감과 어떠한 상황에서도 의뢰인을 배려하는 책임 의식이 필요해요.

 ### 어떻게 준비할까요?

경호는 다른 사람의 몸과 재산을 지키는 일이에요. 그러므로 태권도, 유도, 검도 등 무도 실력을 갖추고 체력도 기르세요. 또한 현장에서 빠르게 대처하는 판단력과 외국어 능력을 갖추면 훨씬 더 유리해요. 실제 경호 현장에서는 무술보다 외국어가 필요할 때가 더 많아요.

연관 직업 탐색 활동

⭐ 경호원은 체육을 좋아하고 운동 신경이 발달했으며 책임감이 강한 사람에게 어울리는 직업이에요. 경호원처럼 **우리 사회의 안전을 책임지는 직업**을 찾아 동그라미 해 보세요.

> 음식 메뉴 개발자, 소방관, 특수 분장사, 경찰관, 군인

정답 186쪽

🌸 다음 추천 직업은 체육이나 과학을 좋아하는 어린이에게 적합해요. 그 중 자신이 하고 싶은 흥미 직업을 찾아 **그 직업이 하는 일**을 써 보세요.

흥미 직업	하는 일
1 응급 구조사	응급 환자가 생긴 곳에서 응급 처치를 하여 환자를 구조하고 병원으로 옮긴다.
2	
3	

추천 직업 응급 구조사, 경찰관, 군인, 산악 구조 대원, 소방 항공 구조 대원, 소방관, 수상 안전 요원, 잠수사, 폭발물 처리 요원

경호원에게 필요한 것

장용영은 정조의 개혁 정치에 많은 도움을 주었어요. 오늘날 경호원은 중요 인물이 참석하는 행사, 연예인의 해외 투어나 콘서트 등 다양한 곳에서 활동을 해요. 경호를 할 때 도움을 주는 경호 장비는 어떤 것이 있을까요? 다음 설명을 읽고 장비의 기능에 맞게 그림을 그려 보세요.

경호 장비 그리기

경호 장비	그림
검은 양복 경호 의뢰인에게 예의를 갖추고 믿음을 주기 위해 검은 양복을 입어요. 하지만 어린이나 가족을 경호하거나 특수 경호를 할 때는 의뢰인의 안전을 위해 평상복을 입기도 하지요.	

경호 장비	그림
선글라스 주로 야외 행사장이나 공연장 등 시야가 넓은 곳에서 착용해요. 경호원이 경계하는 곳이 어디인지, 어디를 보고 있는지 다른 사람이 눈치채지 못하게 하려는 목적이 있어요.	

경호 장비	그림
리시버와 무전기 경호는 팀을 이루어 진행하기 때문에 팀원들의 협조와 의사소통이 매우 중요해요. 리시버에 무전기를 연결한 후 귀에 꽂고, 소형 마이크 무전기로 연락을 취하지요. 핸드폰이 '1:1 통신'이라면, 무전기는 '1:다수'라는 것이 장점이에요.	

경호 장비	그림
가스총 독성이나 자극성이 있는 가스를 내뿜는 총이에요. 위급할 때 의뢰인을 보호하는 필수 장비랍니다.	

조선의 과학 수사관
프로파일러

　우리나라 역사상 책을 가장 많이 쓴 사람은 누구일까요? 실학자 정약용이에요. 500여 권의 책을 쓴 정약용은 과학, 의학, 경제, 정치, 교육, 형법 등 여러 분야에서 뛰어난 멀티플레이어였어요. 《경세유표》, 《목민심서》, 《흠흠신서》 등이 대표작이지요.

　특히 《흠흠신서》는 법을 몰라 억울한 일을 당하는 백성을 위해 쓴 법률 책이에요. 조선 시대에는 지금처럼 기술이 발달하지 않았고, 범죄 사건을 해결하는 검사 도구도 없었어요. 하지만 정약용은 《흠흠신서》를 통해 범죄 사건을 정리하고, 과학적으로 부검*하는 방법을 소개했어요. 생명을 존중하고 공정한 법을 강조했던 정약용! 그는 사건의 진실을 볼 줄 아는 조선의 솔로몬이자 최고의 수사관이었어요.

정약용은 수원 화성 설계와 거중기를 발명한 실학자이자 과학자예요. 또 배다리를 건설하고 암행어사로 활약하는 등 다양한 분야에서 능력을 발휘했지요. 특히 《흠흠신서》를 통해 과학적인 사체 부검을 소개할 정도로 수사 방법이 탁월했어요. 오늘날 범죄 현장에 남아 있는 흔적을 조사하여 범인을 찾는 직업이 있어요. 범죄 심리 분석관이라고 불리는 프로파일러예요. 지금부터 프로파일러에 대해 알아볼까요?

* **부검** : 죽은 원인을 알아내기 위해 시체를 검사하는 일이에요.

프로파일러는 어떤 직업일까요?

최근 지능적인 수법을 쓴 연쇄 살인 사건이나 강력 범죄가 많아졌어요. 이 같은 사건을 해결하고 과학적인 방법으로 수사하여 범인을 찾는 직업이 있어요. 바로 프로파일러예요.

프로파일러는 범죄 현장에 남아 있는 증거로 범인의 성격과 특징, 나이, 외모 등을 알아낼 수 있어요. 또한 이를 분석하여 범인이 누구인지 알아내고 범인이 도망칠 수 있는 예상 경로를 파악한 뒤, 범인을 빨리 찾을 수 있도록 수사를 돕는 일을 해요. 또한 범인을 잡은 뒤에는 범인을 직접 상담하고, 심리 검사를 통해 범인이 왜 범행을 저질렀는지 밝혀내지요. 이처럼 프로파일러는 사건의 시작부터 끝까지 모든 자료를 모아 분석하고 정리해요.

영국이나 미국 등에는 오래전부터 프로파일러가 있었지만, 우리나라에는 2000년에 처음 등장했어요. 이후 사회학, 심리학 분야 연구자나 경찰 관련 전공자들이 프로파일러가 되어 수사에 큰 도움을 주고 있지요.

 어떤 적성이 필요할까요?

두뇌 회전이 빠르고 여러 단서를 모으고 분석하는 능력이 뛰어나야 해요. 또한 심리학, 사회학 전문 지식을 지니고 있어야 하지요. 수사를 할 때는 감정에 치우치지 않고 냉철하고 객관적으로 생각하는 태도가 필요해요. 정신력은 물론 체력도 강해야 한답니다.

 어떻게 준비할까요?

사건 사고에 관심을 가지고, 신문이나 뉴스 등을 보는 습관을 가지세요. 그리고 다른 사람이 어떻게 생각할지 생각해 보는 습관을 들여요. 프로파일링 업무는 미국에서 시작되었기 때문에 영어를 잘하면 여러 모로 도움이 돼요. 커뮤니케이션 능력도 중요해요.

- 프로파일러는 주로 국립 과학 수사 연구소, 경찰청, 대검찰청, 국방부, 해양 경찰 등 우리나라를 대표하는 과학 수사 기관에서 활동해요. **이곳에서 하는 업무**를 구체적으로 알아보아요.

> **우리나라의 과학 수사 기관**
> - **국립 과학 수사 연구원** 우리나라에서 유일한 종합 과학 수사 연구 기관이에요.
> - **경찰청** 사건 신고가 들어오면 사건이 발생한 곳에 출동하여 현장에서 과학 수사를 하지요.
> - **대검찰청** 여러 분야의 과학 수사 분석과 연구를 담당하지요.
> - **국방부** 군인들의 범죄를 수사해요.

- 다음 추천 직업은 국어, 사회, 과학을 좋아하는 어린이에게 적합해요. 그중 자신이 하고 싶은 흥미 직업을 찾아 **그 직업이 하는 일**을 써 보세요.

흥미 직업	하는 일
1 심리학 교수	다양한 심리 분야 중 특정 분야를 연구하고, 연구 내용을 대학에서 강의한다.
2	
3	

추천 직업 심리학 교수, 경찰 대학 교수, 경찰관, 사회학 교수, 탐정, 형사

범인을 찾아라!

다산 정약용은 《흠흠신서》에 과학적인 수사법과 부검 방법을 써 놓았어요. 오늘날 사용되는 수사법 중에 몽타주(montage)가 있어요. 몽타주는 목격자의 말에 따라 범인의 특징을 모두 합하여 상상해 본 얼굴이에요. 목격자의 말을 듣고 현상 수배*지를 만들어 보세요.

* **현상 수배** : 상금 등을 걸고 범인을 찾는 일이에요.

목격자의 증언

30대 남자였어요. 눈은 작고 사각 얼굴이에요. 어느 쪽인지 기억은 안 나는데, 한쪽 눈이 약간 찌그러진 것 같았어요. 검은 뿔테 안경을 썼고, 코는 높은 편이에요. 머리는 짧은 스포츠형이었어요.

현상 수배지 만들기

현 상 수 배

신고 보상금:

용의자* 몽타주 그리기

⭐ 사건 개요

⭐ 생김새와 옷차림

⭐ 신고처

* **용의자** : 범인으로 의심되는 사람을 가리켜요.

연관 직업 탐색 활동

- **13쪽** 디스플레이 담당자, 쇼핑 게스트, 상품 모델
- **19쪽** 국무총리, 국회 의원, 법관
- **25쪽** 홈쇼핑 MD, 생활용품 MD, 캐릭터 MD
- **31쪽** 키워드 에디터, 카피라이터, 브랜드 관리사
- **37쪽** 여행 상품 개발자, 행사 기획자, 컨벤션 기획자
- **45쪽** 건축 공학자, 도시 계획가, 조경 기술자
- **51쪽** 로봇 공학자, 기계 공학자, 전자 공학자
- **57쪽** 동물 간호사, 동물 사육사, 애견 테라피스트
- **63쪽** 친환경 도시 계획가, 도시 재생 연구원, 도시 녹화 설계 기술자
- **69쪽** 로봇 감성 인지 연구원, 로봇 디자이너, 안드로이드 로봇 공학자
- **81쪽** 빌딩 정보 모델링(BIM) 설계사, 지능형 교통 시스템(ITS) 연구원
- **89쪽** 푸드 컨버터, 요리사, 소믈리에
- **95쪽** 캐릭터 디자이너, 모션 그래픽 디자이너, 원화 작화 감독
- **107쪽** 시각 디자이너, 픽토그래퍼, 캐릭터 디자이너
- **113쪽** 서예가, 타이포그래퍼, 폰트 디자이너
- **119쪽** 요리사, 조리사, 영양사, 제과 제빵사
- **127쪽** 가방 디자이너, 신발 디자이너, 보석 디자이너
- **133쪽** 메이크업 아티스트, 이미지 컨설턴트, 패션 아티스트
- **145쪽** 이미지 컨설턴트, 뷰티 평론가, 매너 리더십 강사
- **151쪽** 컬러리스트, 텍스타일 머천다이저, 텍스타일 컨버터
- **157쪽** 색조 연구원, 천연 염색사
- **165쪽** 저작권 에이전트, 국제 법률 전문가, 국제 변호사
- **171쪽** 경찰관, 군인, 판사
- **177쪽** 소방관, 경찰관, 군인